La Realidad

DE LA MÊME AUTRICE
Chez le même éditeur

TRISTE TIGRE, 2023

Chez d'autres éditeurs

LA VIE DES RATS, La tangente, 2007
LE CAMION, Christophe Lucquin éditeur, 2018

Neige Sinno

La Realidad

P.O.L
33, rue Saint-André-des-Arts, Paris 6ᵉ

© P.O.L éditeur, 2025
ISBN : 978-2-8180-6313-2
www.pol-editeur.com

*... Et moi sans poser de questions
je monte sur la moto et nous partons*

Roberto Bolaño

Maga, Marcos, Bárbara, le Pokémon et les autres

Ça a commencé par une histoire de livres. Moi, je ne voulais pas les prendre, mais Maga a tellement insisté que j'ai fini par céder. Dans nos sacs à dos, on avait mis le moins de choses possible, on partait pour trois mois, il valait mieux voyager léger. Elle avait quand même réussi à caser deux gros volumes de théorie marxiste qu'elle voulait faire parvenir au sous-commandant Marcos.

La façon dont elle a mené cette affaire de livres dit beaucoup de sa personnalité. À l'époque il me manquait des éléments pour vraiment la connaître, mais j'ai quand même compris que je ne pouvais pas lutter. On s'était rencontrées quelques mois auparavant, dans un café du campus de l'Université du Michigan. Un autre prof de langues nous avait présentées : « Il y a une fille qui est arrivée ici pendant que tu étais en France, m'avait-il dit. Tu vas voir, tu vas l'aimer. » Elle n'avait que deux ans de plus que moi, c'est-à-dire vingt-sept ans, mais elle avait déjà beaucoup voyagé. Avant de l'aimer elle, j'ai aimé sa fougueuse énergie. J'ai aimé en elle tout ce qui m'était étranger : son extravagance, son assurance, sa sauvagerie. Elle me déroutait. J'essayais de comprendre comment fonctionnait son laboratoire mental pour qu'elle en arrive toujours à des conclusions si inattendues. Elle était imprévisible. Elle était libre.

Certaines des idées qu'elle se mettait en tête pouvaient sembler absurdes à première vue, mais elle les malaxait tant et si bien, comme s'il s'agissait d'un bloc d'argile, qu'elles finissaient par changer d'aspect et ressemblaient de plus en plus à des propositions parfaitement cohérentes. Ou, du moins, c'est comme ça qu'elle me les présentait à moi, qui suis sensible aux charmes de l'argumentation. Au début je ne comprenais pas de quoi il s'agissait, ni ce qu'elle voulait, mais petit à petit elle me faisait entrer dans son monde et je finissais par partager ses idées comme si c'était les miennes. C'est ce qui m'est arrivé avec les livres pour Marcos. Pourquoi pas, finalement ? j'ai pensé, on ne sait jamais, en supposant qu'on arrive à le rencontrer et à lui remettre ces bouquins, ils pourraient peut-être lui servir. Après tout, avant de rejoindre les Indiens insurgés du Chiapas dans les années 1980, et de devenir sous-commandant de l'armée de rébellion zapatiste, c'était un professeur de philosophie avec une formation marxiste-léniniste. Il ne devait pas y avoir beaucoup de librairies où trouver de la théorie récente dans la forêt Lacandone. Ces livres pourraient lui être utiles ou l'amuser, et s'ils ne l'intéressaient pas, ce n'était pas si grave que ça. L'important était de tenter notre chance, de tracer notre route. *Caminante no hay camino.* C'est en marchant qu'on fait son chemin. C'est ce que disait toujours Maga, et elle me récitait le poème de Machado.

Le chemin en marchant se fait,
et lorsqu'on se retourne on voit
le sentier
qu'on n'empruntera qu'une seule fois.

Peu importe si on arrive, où on arrive, la seule chose qui compte c'est d'y aller. Bien sûr, à ce moment de l'histoire, je ne savais pas encore jusqu'où on irait.

Les billets d'avion les moins chers depuis Détroit étaient à destination de Cancún. On avait donc choisi cette ville de la péninsule du Yucatán comme point de départ de notre périple. C'était assez loin des endroits où on voulait aller, mais on avait du temps et les détours ne nous faisaient pas peur. Du Quintana Roo on est descendues jusqu'au Guatemala après avoir traversé le Belize et on a quitté ce pays par son autre frontière, celle de la côte pacifique, vers Tapachula, au Chiapas. De là on est montées dans un autobus pour San Cristóbal de Las Casas. Au bout de quelques kilomètres, on s'est fait contrôler par des militaires. qui ont fait descendre les gens qui n'avaient pas de papiers. Les migrants sont restés là au bord de la route, la tête basse, pendant que notre bus s'éloignait.

À San Cristóbal on était logées dans un appartement loué par une bande d'artisans parmi lesquels se trouvaient deux garçons qu'on avait rencontrés sur la côte du Quintana Roo et retrouvés là. Ils avaient fait la route par Campeche et étaient arrivés avant nous. Ils étaient originaires d'un quartier périphérique de la ville de Mexico, et portaient des noms dans le genre d'Alejandro et Edgar mais personne ne les appelait ainsi, en dehors de leur famille qu'ils n'avaient pas vue depuis des mois. Ils avaient toute une panoplie de noms et de surnoms changeant selon les groupes qu'ils fréquentaient. Des noms d'animaux, des noms de lieux, des codes secrets aztèques. El Koto, la Rana, los Niños Heroes. Entre nous, Maga et moi on les appelait les punkis. Ils avaient quitté la grande ville trois ans auparavant pour découvrir le pays et le monde et s'étaient convertis en nomades, un peu artisans un peu mendiants. Ils avaient vu tellement de misère et de merveilles dans leur courte vie qu'on se demandait ce qu'il leur restait encore à vivre. Ils nous avaient protégées d'un groupe de policiers louches à Playa del Carmen et s'étaient fait tabasser en représailles. Ils avaient dit que ce n'était pas pour nous, et qu'ils avaient l'habitude, mais tout de même ça crée des liens. Un troisième compère qui venait d'Amérique centrale les avait rejoints dans des circonstances mystérieuses. Celui-là, on ne savait pas son nom. Contrairement aux deux autres, qui, malgré leurs vies très différentes de la mienne, me rappelaient des copains, avec leurs tee-shirts d'AC/DC, leurs bottines à lacets, leurs rêves de liberté malgré la galère, le troisième garçon me faisait peur. Il se faisait appeler le Pokémon, parce qu'il était petit et vilain, comme il nous le dit lui-même pour se présenter, en riant d'un rire bizarre et forcé. « *Ahahah échenle ganas, morras* », courage mes petites filles, nous disait-il en rigolant de son rire d'outre-tombe chaque fois qu'on racontait une de nos mésaventures. Les punkis vivaient de la vente de bracelets en cuir, de colliers en fils tressés, ornés de pierres semi-précieuses, qu'ils proposaient aux passants dans les rues touristiques, sur les trottoirs des places ombragées, partout où on les laissait s'installer. Ils passaient leurs nuits dans des tentes, dans des squats, sur des bancs dans la rue à l'abri d'une bâche. À San Cristóbal, ils habitaient avec d'autres gens, qui dormaient à tour de rôle sur des matelas et des canapés dans un grand appartement délabré pas loin du centre-ville. On avait donné de l'argent pour participer au loyer qui était sans doute modique, vu l'état des lieux. Les toilettes fonctionnaient une fois sur deux, les murs étaient couverts de taches grises et vertes en forme de grosses fleurs maladives, et le copal qui brûlait sans discontinuer dans les chambres avait du mal à couvrir une pénétrante odeur de moisi. C'était un lieu magnifique et décrépit, exactement ce qu'il nous fallait. On nous a assigné un matelas dans une chambre à côté de jeunes de Veracruz qui vendaient des disques pirates. On a laissé là nos affaires et on est parties explorer la ville.

San Cristóbal plaît aux touristes européens car nous avons tous, à des degrés divers, le culte des ruines. Les vestiges de civilisations disparues nous rappellent que nous sommes des descendants d'une longue lignée humaine qui nous a précédés. Les ruines nous donnent une place dans le monde. Comme dans un immense musée à ciel ouvert, on pouvait voir dans les rues de la ville les traces laissées par l'histoire, depuis le monde préhispanique jusqu'à la conquête, la richesse coloniale, le désenchantement de l'époque moderne. On pouvait flâner en laissant son imagination vaguer parmi les pierres anciennes et les cafés nouveaux, parcourir les marchés, les places, suivre des escaliers qui menaient à des quartiers d'habitation sur les collines, s'aventurer plus loin vers la campagne obscure. Cette ville nous attirait aussi car elle paraissait être une porte d'entrée relativement amicale sur le monde plus aride, plus étrange, plus difficile d'accès du reste du Chiapas.

Maga, qui avait grandi dans une famille catholique de la région de Séville, s'y connaissait un peu en saints. Elle avait un faible pour Cristóbal, c'était un de ses préférés. Elle avait cousu sur le versant de l'une des poches intérieures de son sac une petite carte plastifiée à l'effigie de l'homme au bâton portant l'Enfant sur son épaule, qu'elle avait achetée à un des nombreux stands d'objets religieux qu'on trouve partout devant les églises, qui vendent de l'encens, des statuettes de la Vierge, des mélanges de plantes pour soigner les verrues et même des potions au cannabis pour les rhumatismes. Cristóbal est donc celui qui porta un enfant inconnu pour lui faire traverser la rivière, sans savoir que c'était Jésus. C'est le saint patron des voyageurs, des camionneurs et des chauffeurs, des migrants et des nomades. La prière au dos de la carte était marrante. J'aimais bien la lire, avec une certaine ironie, puisque je viens, moi, d'une famille athée et qu'à ce moment-là je ne comprenais encore rien à la foi et à sa capacité de passer outre aussi bien l'invraisemblable que le ridicule.

Seigneur, fais que ma main soit ferme et mon regard vif, pour que, pendant que je conduis, je ne cause de tort à personne. Seigneur, toi qui donnes la vie et la conserves, je te supplie humblement de veiller aujourd'hui sur la mienne. Libère ceux qui m'accompagnent du mal, de la maladie, des incendies et des accidents. Enseigne-moi à faire bon usage de mon véhicule afin de rendre service à autrui. Fais, Seigneur, que je ne me laisse pas gagner par le vertige de la vitesse et que, admirant la beauté de ce monde, je parvienne à suivre mon chemin et aller jusqu'au bout dans la joie. Je te le demande, Seigneur, par les vertus de ta Très Sainte Mère, la Vierge du Chemin, et par l'intercession de Cristóbal, protecteur des conducteurs. Amen.

Je n'ai pas mis très longtemps à me rendre compte que visiter la ville n'intéressait pas Maga. Jusqu'ici on avait voyagé en se laissant porter par les hasards constants des rencontres et des lieux. On aimait marcher sans but précis en choisissant toujours le chemin le plus long pour avoir plus de chances qu'il se passe quelque chose d'inattendu sur la route. Mais là, elle était ailleurs, elle ne faisait plus le même voyage que moi. Quand avait commencé ce voyage-là? Sans doute de nombreuses années auparavant. On pourrait même situer le début, la première impulsion, en 1994, quand les Espagnols ont pris connaissance de l'existence du soulèvement zapatiste, quand Maga a vu à la télévision les images de San Cristóbal assiégée par des paysans armés, entendu les porte-parole s'exprimer d'une voix claire pour dire que ça suffisait maintenant et que le monde allait devoir cesser de fermer les yeux sur l'injustice subie par les Indiens, invitant la solidarité d'autres luttes d'émancipation. Pour la première fois une insurrection des peuples autochtones contre l'oppression postcoloniale devenait une option politique possible pour tous les autres opprimés, une lutte qui rassemblait toutes les autres et qui permettait à nouveau d'employer le mot révolution sans qu'il soit associé à la violence et à la terreur. Maga avait alors dix-neuf ans. Dans les milieux qu'elle fréquentait, la nouvelle fut reçue avec un enthousiasme inédit. Elle a réveillé un espoir pour toute une génération qui avait jusque-là grandi dans un monde de désillusion politique. Il s'agissait bien d'une guérilla armée, mais une guérilla qui ne cherchait pas à prendre le pouvoir, qui voulait avant tout des accords de paix, la reconnaissance des peuples indiens, la justice, l'éducation, la santé, le droit à la différence. Après le massacre d'Acteal, village proche des zapatistes, où quarante-cinq personnes – dont une majorité de femmes et d'enfants – furent tuées par un groupe paramilitaire dans une église où elles s'étaient réfugiées, l'indignation était totale. Des manifestations furent organisées. Des concerts de soutien, des festivals, des rassemblements, des tables rondes. Certains prirent même l'avion pour aller soutenir directement les peuples indiens du Mexique contre l'oppression capitaliste, répondant à l'appel d'un autre monde possible, un monde où tous les mondes auraient une place.

Le soulèvement allait bientôt fêter ses dix ans. Je ne peux pas dire que j'en ignorais tout, mais presque. J'imagine que dans les groupes d'extrême gauche, chez les intellectuels ou les gens très politisés, parmi les Basques et autres peuples en lutte pour la défense d'un territoire, les répercussions ont dû être importantes, mais dans le reste de la population c'était un sujet pratiquement inconnu. Et il a fallu attendre la globalisation du mouvement altermondialiste pour que l'on comprenne ce qui s'était passé au Chiapas. En 1994, j'aurais à peine pu situer le Mexique sur une carte. On parlait de certaines parties du monde. On savait des choses sur l'Algérie, le Maroc, la Syrie, le Liban. Chacun avait son opinion sur les territoires occupés par Israël en Palestine, sur le rôle des Américains dans la guerre du Golfe. 1994, c'est l'année du génocide au Rwanda. Dans mon entourage, personne ne parlait espagnol. J'étais en terminale, je vivais dans un village perdu des Alpes, à cinquante kilomètres de l'Italie. Je n'aurais jamais pu imaginer que dix ans plus tard je serais en train de voyager avec une Andalouse rencontrée dans le Michigan, dans un État du sud-est du Mexique appelé Chiapas. Je me trouvais là à cause d'une série de coïncidences et de malentendus, rien de prémédité. La lutte des paysans pouvait bien éveiller chez moi de la curiosité mais ni plus ni moins que tout ce que je découvrais en ce temps-là, c'est-à-dire le monde américain dans son ensemble. Tout, absolument tout était nouveau pour moi. Pour Maga c'était une autre histoire. C'est elle qui avait proposé d'aller au Chiapas et, depuis le début, il y avait là pour elle une quête particulière à mener.

On avait le contact d'une amie d'amis qui avait des relations avec les réseaux zapatistes. L'adresse qu'on nous avait donnée se trouvait près du centre culturel Na Bolom, où j'avais envie d'aller faire un tour. On nous avait parlé de ce lieu qui organisait toujours de belles expositions de photos, des rencontres avec des anthropologues qui venaient parler de la forêt Lacandone et de ses habitants. Mon guide de voyage faisait l'éloge de son café et de sa librairie, petite mais très bien fournie, ce qui suffisait à justifier une visite. J'ai insisté pour y passer mais quand on est arrivées on a trouvé le musée fermé. Seul le café était ouvert toute la journée.

J'ai acheté un recueil de poésie, c'est tout ce que je parvenais à lire en espagnol, et j'ai pris quelques feuillets de propagande gauchiste illustrés par des gravures qui étaient distribués gratuitement. Pendant ce temps Maga arpentait déjà la rue. On a demandé notre chemin et frappé à des portes qui n'étaient pas les bonnes avant de finir par trouver la maison. Il n'y avait personne. Un voisin qui nous a vues insister est venu nous dire que l'amie qu'on cherchait avait déménagé et il nous a indiqué comment aller là où elle vivait désormais. On aurait pu prendre un bus mais on a décidé de marcher.

C'est une chose qu'on aimait faire ensemble, marcher. Nos rythmes au départ un peu décalés finissaient par s'accorder et nos conversations faisaient la même chose, rendues plus fluides par le temps long de la marche, par l'apaisement de la respiration, par la concordance momentanée avec un flux intérieur. Au fur et à mesure qu'on s'éloignait du centre, pénétrant plus avant dans les quartiers périphériques de San Cristóbal, la promenade commençait à m'intéresser. Je prenais des photos de vieilles portes en bois, de murs dont les couches de peinture écaillée, avec leurs ocres et rouges anciens, rappelaient des tableaux de Tàpies. On nous avait volé notre appareil photo la première semaine, sur la côte près de Cancún. Au début on s'était dit que c'était peut-être une bonne chose, pour que nos souvenirs de ce voyage ne nous soient pas imposés ensuite par les images qu'on aurait prises. On s'était convaincues que l'absence d'images pouvait nous restituer une part de notre expérience intérieure, car ce serait à nous et à nous seules de maintenir vivante l'archive mouvante de notre périple. Mais à San Cristóbal j'avais craqué et acheté un appareil jetable. Je possède donc en tout et pour tout une vingtaine de photos de notre passage au Chiapas. Sur certaines d'entre elles on peut voir Maga, devant un mur en adobe peint à la chaux. Une grande fille en jupe longue, aux traits doux de madone, à la chevelure indomptable, incapable de prendre la pose, les yeux un peu perdus, le sourire absent, comme si son esprit était ailleurs, comme si elle était préoccupée ou amoureuse.

Pour trouver la rue, il nous a encore fallu solliciter les passants qu'on croisait et, après une série d'erreurs et de recherches infructueuses, on a fini par arriver devant le portail en bois de la nouvelle maison de Bárbara. C'était une maison coloniale à moitié en ruine, construite autour d'un grand patio rempli de plantes. Quand on a été face à cette femme, j'ai compris pourquoi les gens se souvenaient si bien d'elle dans son ancien quartier et la situaient déjà si facilement dans le nouveau. Elle était très belle et il y avait dans chacun de ses gestes une conscience et une sorte de générosité attachée à cette beauté, comme si par l'attention qu'elle mettait dans sa présence, elle la distribuait autour d'elle. C'était une femme d'une quarantaine d'années, grande, brune, aux longs cheveux châtains avec des reflets cuivrés, aux yeux verts et à la voix grave, à la présence imposante, dramatique. Elle a couru nous ouvrir la porte qui donnait sur le patio et nous a fait entrer rapidement pour que les cinq ou six chiens qui l'entouraient ne sortent pas dans la rue.

« Après, ils retournent à l'ancienne maison et je dois aller les chercher », a-t-elle dit, et elle a commencé à raconter des anecdotes sur son déménagement épique avant même de nous avoir demandé comment on s'appelait. Quand on s'est présentées, elle a douté un instant, nous jaugeant du regard. « Ah oui, Maga, c'est ça. On m'a prévenue que tu allais venir. » Elle nous a emmenées dans la cuisine et nous a servi du café, qu'elle a réchauffé dans une casserole émaillée et auquel elle a ajouté de la cannelle et du sucre brun, en discutant à bâtons rompus comme si on se connaissait depuis toujours. Sa conversation était enflammée et pleine d'humour noir, de rires sonores et de blagues urbaines qui trahissaient son origine de la capitale. Elle était actrice, actrice de théâtre, pas de cinéma et encore moins de télénovelas, avec une préférence pour la tragédie, et elle participait à tout ce qui existait au niveau culturel à San Cristóbal, ce qui n'était pas grand-chose de toute façon, disait-elle en haussant les épaules, mais c'était déjà un exploit, avec la misère rampante, que quelque chose de l'art survive encore ici. Même la contre-culture était devenue l'ombre d'elle-même, elle était tombée dans le piège, dans le marécage profond du capitalisme mondialisé. Le reste avait déjà été vendu au plus offrant, au tourisme international, il avait déjà été muséographié et s'était raidi aussitôt, sans une once de vie, mort et enterré comme une vieille momie. Des images en noir et blanc au lieu de la vie. Elle a parlé du centre culturel Na Bolom qui a toujours exposé la vie indigène comme s'il s'agissait d'un monde intouchable, d'un éden du passé, volant la beauté des gens sur des photos pour la plaquer dans des livres d'anthropologie sans demander la permission et ne donnant rien en retour, exploitant leur image maintenant que le monde blanc avait déjà sucé leur terre et leur corps jusqu'à la moelle. Et encore, le Na Bolom n'était pas le pire d'entre eux selon elle. Au moins ils avaient la décence de reconnaître l'esprit colonialiste de toute entreprise anthropologique et ils essayaient de compenser avec une association qui aidait les Indiens persécutés. Mais les autres musées ! Les musées européens ! Les anthropologues français ! Elle les détestait, toutes ces sangsues, ces derniers rejetons de la lignée perverse de voyageurs occidentaux qui avaient quitté leurs vies ternes et médiocres pour venir s'enrichir sur les terres des autres. Ils avaient pris tout ce qui était matériel, et maintenant ils s'attaquaient à ce qui restait : la culture, la spiritualité, l'art. Ils allaient aspirer le sang et l'âme des peuples jusqu'à ce qu'il n'en reste plus rien.

Lors de cette première rencontre, on n'a pas réussi à évoquer la raison de notre visite. Il est possible que Bárbara l'ait devinée et qu'avant de nous donner des pistes vers ce qu'on cherchait, elle ait voulu nous mettre à l'épreuve, une épreuve de patience sans aucun doute. De l'autre côté du patio, quelqu'un s'est mis à jouer de la batterie, rendant notre conversation presque impossible. Soudain, Bárbara s'est levée et, insistant pour qu'on la retrouve le soir même, nous a entraînées vers la sortie. Presque en criant pour couvrir le bruit des percussions et les aboiements des chiens, elle a dit qu'elle devait se préparer, qu'on soit bien ce soir à dix heures au bar Revolución, qu'il y aurait là tout ce que San Cris comptait de gens plus ou moins intéressants.

Après tant d'intensité et de vacarme, le calme de la rue semblait irréel. On a d'abord marché en silence, envoûtées, puis le charme est retombé peu à peu. La maison de Bárbara avait agi sur nous comme un aimant : elle nous avait tenues en haleine tout le temps qu'on y avait passé, fascinées, mais au fur et à mesure qu'on s'éloignait, elle perdait un peu de son pouvoir d'attraction.

« Cette fille ne va pas nous passer un seul contact, j'ai dit.

– Qu'est-ce que tu en sais ? a répondu Maga, visiblement agacée par mon défaitisme. Il faut qu'on lui démontre qu'on n'est pas venues juste pour s'amuser. Elle ne peut pas nous livrer tout son carnet d'adresses comme ça, juste pour nos beaux yeux. On pourrait bien être n'importe quelles touristes européennes qui cherchent à faire un petit Zapatour comme ils disent ici. »

Qu'est-ce qu'on était d'autre ? j'ai pensé demander, mais je me suis heureusement abstenue, car j'ai senti que ce genre de commentaire ne mènerait à rien. De mon côté, un bref séjour me permettant de connaître un peu mieux l'histoire des communautés zapatistes m'aurait sans doute suffi, mais imaginer que Maga puisse être confondue avec une vulgaire curieuse qui regarde du même œil superficiel les bâtiments historiques et les problèmes réels des gens était lui faire une offense grave. J'ai pensé que je ferais mieux de réfléchir avant de parler, tourner ma langue dans ma bouche, ma pensée dans ma tête, et commencer à étudier le contexte, à aiguiser mon sens de l'observation et ma perspicacité. Je me suis dit que je ferais mieux de garder mon calme, de continuer à noter des mots et des définitions dans mon carnet, d'ouvrir le recueil de poésie de Jaime Sabines et d'y chercher les poèmes d'amour qu'un amoureux m'avait fait connaître, ou de continuer à lire le livre de *Comunicados de la selva Lacandona* trouvé dans la maison des punkis plutôt que d'émettre de hâtives et dangereuses opinions qui ne faisaient pas avancer nos affaires. On s'est mises en route pour rentrer à l'appartement, dans la lumière éblouissante de midi. Le marché municipal était sur le chemin. On s'y est certainement arrêtées.

Je me souviens de ce vaste marché qui occupait plusieurs pâtés de maisons, avec une partie à l'intérieur d'un bâtiment croulant, et une grande quantité de commerçants sous des bâches en plastique bleues, vertes, rouges, dans les rues avoisinantes. On a dû se réfugier dans la partie couverte, pour profiter de l'ombre, et on a commandé à manger. On ne s'en était pas rendu compte jusque-là, mais on avait faim.

C'est là que pour la première fois j'ai mangé des *tamales*. Une feuille de bananier, lisse, glissante et vert émeraude maintenue par un fin ruban d'herbe, enveloppe, comme du papier cadeau, un rectangle de pâte de maïs au centre duquel se trouve une farce de poulet, de sauce au cacao et aux épices, d'amandes, de banane plantain et de pruneaux. Je ne sais pas si ce qui confère au *tamal* sa saveur si particulière est la cuisson dans la feuille ou le mystère pour atteindre son cœur tendre : une partie du plaisir réside sans doute dans tout ce qu'il faut faire pour y accéder.

On est retournées à l'appartement des artisans. On s'est préparées pour la soirée. Cheveux tressés, boucles d'oreilles, yeux soulignés de noir. On est allées au Revolución ce soir-là et à de nombreuses autres occasions, pendant ce séjour, qui fut assez bref, mais aussi pendant le suivant, quatre ans plus tard, lorsqu'on est restées plusieurs semaines à San Cristóbal, dont une partie en louant une chambre dans la maison où vivaient Bárbara et Guillermo, que Maga et moi partagions avec une marionnettiste chilienne qui nous avait rejointes en cours de route. Guillermo jouait de la batterie dans des groupes différents, surtout celui qu'il avait formé avec son frère. Un groupe de rock en tzotzil. C'était un concept nouveau à l'époque. Il s'agissait d'hybrider le meilleur des deux mondes, le feu sacré de la tradition et la liberté de la musique révoltée de l'Occident. Cela aurait pu être un fiasco total, une soupe infâme où chacune des deux inspirations oblige l'autre à se simplifier, à être sa propre caricature, mais les membres du groupe avaient réussi à créer une fusion qui fonctionnait vraiment, sans doute parce qu'ils étaient bons musiciens et parce que la magie était là. Un groupe, comme une rencontre, comme une œuvre d'art, ça tient toujours un peu du hasard, de mille chemins souterrains qui n'ont pas vraiment de raison de se croiser et qui tout d'un coup, miraculeusement, se croisent.

Bárbara avait sa place au comptoir, en face de la petite estrade installée dans le coin où jouaient les musiciens. Elle parlait avec le serveur, avec le propriétaire des lieux qui venait s'asseoir à côté d'elle pour discuter des termes des arrangements avec le groupe dont elle défendait les intérêts en fine stratège. Elle parlait avec les hippies, avec les rockers, avec les touristes américains. Ce bar était le point de rendez-vous d'une faune variée, sauvage et incohérente, mais dans l'ensemble plutôt sympathique. Il y avait une ambiance cosmopolite mais pas mondaine, pas vraiment cool non plus. Au Revolución personne n'avait assez d'argent pour boire ou se droguer sérieusement. On trouvait là des intellectuels précarisés qui avaient fui des familles aisées de la capitale pour se joindre à la rébellion zapatiste, qui travaillaient dans les associations civiles des environs, et qui venaient de temps en temps à San Cristóbal prendre un bain de ville et organiser des collectes de fonds, des artistes pauvres portant des huipils effilochés, des étudiants faméliques vêtus de noir et de mauve qui vendaient des roses en plastique dans les rues piétonnes, des voyageurs aux cheveux longs avec des plumes, des perles et des fils de couleur cousus à leurs vêtements, des femmes qui portaient des sandales et des sacs en cuir, des Indiennes, des métisses, des Blanches, dont les différences étaient gommées par l'heure tardive, par la lumière tamisée et la langue universelle de la musique.

Tout le monde connaissait Bárbara et Bárbara connaissait tout le monde. Elle avait toujours un mot aimable pour chacun, une blague, un sourire. Pour autant il n'y avait rien de faux, aucun calcul dans son amabilité. Il suffisait de s'approcher d'elle pour le comprendre. Elle te souriait à toi personnellement, te regardant dans les yeux, et elle écoutait ce que tu avais à dire, et ça devenait à ce moment-là très important, ça devenait la seule chose importante au monde. Sa présence était addictive. Elle provoquait du désir et une sorte d'ivresse. C'était une reine. Une reine gitane à la portée de tous, dans son royaume dépenaillé, et elle brillait au milieu de la nuit enfumée comme une dent en or dans une bouche. Elle nous a présenté des gens, ce premier soir et les suivants. On s'imaginait que parmi ces gens on allait finir par tomber sur quelqu'un qui pourrait nous aider dans notre quête, quelqu'un qui nous guiderait à travers le labyrinthe de signes qui finirait par déboucher sur la cabane de Marcos, dans l'un des lointains villages des montagnes du sud du Chiapas. On ne voulait pas avoir l'air trop envahissantes, trop pressantes, trop intéressées, et on prenait soin de ne pas poser de questions trop directes, surtout moi qui de toute façon n'avais pas une maîtrise suffisante de l'espagnol pour pouvoir me permettre d'être subtile, ni pour parler ni pour essayer de déchiffrer les réponses cryptiques qu'on me donnait. Quoi qu'il arrive, je pouvais être tranquille, je savais que ma compagne faisait sa part de l'enquête, avec la ferveur que je lui connaissais, et je ne doutais pas qu'on aurait bientôt un contact qui allait nous indiquer la route idéale pour atteindre notre destination finale, notre but, notre destin, ou ce que nous pensions qu'était notre destin.

Maintenant tout cela est un peu confus, tout est un peu bousculé et réorganisé par la turbulente industrie de la mémoire, mais je sais qu'à l'époque aussi tout était déjà confus. Plusieurs séquences narratives se superposaient et étaient interrompues par des coïncidences, des accidents, de longues nuits de veille tout au long desquelles on cherchait quelque chose, quelque chose de plus que des indications pour arriver à la communauté zapatiste du sous-commandant, quelque chose que personne ne pouvait définir avec précision et à quoi on se raccrochait pourtant farouchement, Maga et moi, Bárbara et beaucoup d'autres, enquêteurs infatigables de causes perdues, détectives sauvages, baroudeurs aux grands yeux nageant à l'aveuglette dans une mer aux gouffres profonds et noirs.

« *Ustedes no entienden nada* », vous ne comprenez rien, me disait Bárbara. Je me souviens bien de cette phrase. Elle me l'a dite à plusieurs occasions, dans des contextes différents, et je n'ai jamais vraiment compris à quoi elle se référait par ce *vous*. Dans quel groupe me situait-elle pour émettre une opinion aussi tranchée ?

La première fois qu'on est allées au Revolución, ou une des premières fois, je me souviens d'avoir discuté longuement avec un Argentin d'une cinquantaine d'années qui disait avoir connu Bolaño dans un atelier d'écriture poétique à l'Université nationale autonome du Mexique dans les années 1970 et être devenu ensuite guérillero au Nicaragua avant d'intégrer l'Armée zapatiste de libération nationale. Ça me semblait un peu bizarre, non pas ce qu'il me racontait, car c'était un parcours parfaitement plausible, une jeunesse comme une autre dans l'Amérique latine convulsive de ces années-là, mais le fait qu'il puisse avoir envie de me raconter ça à moi, une étrangère, une gamine de vingt-cinq ans qui ne comprenait rien à rien. C'est vrai que je ne lui avais pas dit que j'arrivais des États-Unis, et ça me rendait sans doute plus inoffensive, plus sympathique, en tout cas c'est ce que j'imaginais. Cette histoire – celle qui expliquait que Maga et moi avions voyagé depuis le Michigan où nous travaillions comme professeures de langues étrangères dans une université américaine – nous fermait toutes les portes. Elle n'avait rien de condamnable en elle-même – même pas du point de vue des gens d'extrême gauche, après tout on était des employées mal payées, aux contrats précaires, on appartenait à un syndicat qui défendait la lutte sociale au cœur de l'empire – et pourtant, dire qu'on travaillait pour une université *yanqui* nous rendait suspectes. C'est pourquoi on avait décidé de se convertir en touristes venues directement d'Europe et on évitait de parler anglais. C'était dommage pour moi, car l'anglais aurait pu me servir à rendre plus intelligible la conversation confuse dans laquelle je me trouvais plongée. Peut-être que ce vieux mec voulait seulement me draguer, mais j'en doute. Il devait juste être dans un bon jour, ou ivre, ou bien ça lui était égal à qui il racontait ce soir-là ce qu'il avait à raconter.

Il m'a parlé de la clandestinité, de la lutte armée, d'un poète salvadorien assassiné par ses propres camarades parce qu'il n'était pas assez prêt à la guerre, pas assez décidé à tuer pour faire advenir un monde meilleur. Il a parlé de l'attraction de l'abîme qui se profile quand on tient la mort au creux de la main, de la folie qui s'empare du jeune homme avec un fusil. Il comprenait que les zapatistes aient choisi la voie pacifique, mais comment faire alors pour se soulever contre l'injustice, si ce sont les autres en face qui sont armés ? Tout ça sans être sûr que je comprenne, de temps en temps il me demandait, je faisais un oui incertain de la tête pour dire plus ou moins « mais continue, continue quand même, qu'est-ce que ça change si je ne comprends pas tout, je ne suis pas à l'école, je ne suis pas là pour comprendre tout, je suis juste là pour être là ».

Je ne me rappelle pas avec qui Maga a parlé, mais le lendemain d'une de ces soirées, elle m'a dit qu'elle avait eu une conversation avec des sources fiables qui lui assuraient que le *Sub*, le sous-commandant, était à La Realidad et qu'il allait y rester quelques jours, au moins jusqu'à une réunion importante qui allait avoir lieu dans ce village la semaine suivante.

« Marcos est donc à La Realidad. Marcos est dans la réalité.

– Je viens de te le dire, Netcha.

– C'est bien, ça. Je commençais à penser qu'il existait seulement dans tes rêves.

– Ne te moque pas de moi, espèce de petite Française arrogante à la langue pleine de venin. Tu vas voir ce que tu vas voir. »

Aujourd'hui encore, tant d'années après les faits, je ne saurais dire exactement ce que j'ai vu. J'ai la sensation, une sensation étrange car je ne saurais l'expliquer totalement, qu'il s'agissait de quelque chose d'important. Mais c'est quelque chose que je n'ai pas su, que je n'ai pas pu, comprendre vraiment, quelque chose qui pourrait éclairer non seulement mon existence mais aussi ma compréhension du monde, une clef que je tiens dans la paume de ma main et qui pourtant n'ouvre aucune porte.

Le jour même, on a fourré quelques vêtements dans de petits sacs, mis de côté le reste dans un placard pour libérer l'espace qu'on occupait afin que d'autres voyageurs puissent s'y installer, et on s'est mises en route. La matinée était déjà bien avancée quand on est sorties de l'appartement. On a été à pied jusqu'au quartier du marché pour prendre un bus qui allait nous emmener à Comitán, de là on prendrait un minibus jusqu'à un village où on allait devoir chercher un taxi collectif ou une camionnette qui nous conduirait à La Realidad. On est arrivées assez vite à Comitán, mais, à partir de là, le trajet a commencé à prendre plus de temps que prévu.

On a attendu que le bus se remplisse. Plusieurs personnes voyageaient avec de gros ballots et des sacs en toile de jute qu'il fallait charger sur le toit du véhicule et attacher avec des cordes. Nos sacs à dos, même s'ils étaient peu encombrants, durent aussi être hissés parce que des passagers étaient arrivés en surnombre et il fallait faire de la place dans le bus.

Je ne me souviens pas du nom du village où on allait. C'était peut-être Las Margaritas. Je ne me souviens pas non plus de manière exacte des péripéties de ce voyage. Certaines d'entre elles se sont gravées dans ma mémoire, se sont sans doute mélangées aujourd'hui à des éléments d'autres voyages et, quand j'essaie de refaire intérieurement ce trajet, je ne peux pas être certaine que tout cela soit réellement arrivé à ce moment-là, de cette façon-là. Pourtant si je ne raconte pas, si je n'essaie pas d'être précise, au risque de broder un peu, on ne pourra pas retourner dans ce temps et dans ces lieux, on sera dans des limbes au lieu d'être là où je veux vous emmener, en 2003, dans le sud-est du Chiapas, sur les sièges de ce bus qui allait jusqu'à Las Margaritas ou à Vicente Guerrero ou peut-être à Guadalupe Tepeyac, où on allait pouvoir transiter dans un moyen de transport plus petit pour faire les longs kilomètres de route cabossée qui nous mèneraient à destination.

Nos corps occupaient beaucoup d'espace en comparaison de ceux des Chiapanèques et on se sentait maladroites et mal à l'aise. À force de politesse pour faire oublier notre présence, on a fini par se retrouver écrasées l'une contre l'autre sur un seul siège. La femme qui avait pris le siège d'à côté s'est endormie dès que le bus a démarré et elle s'est appuyée puis effondrée petit à petit sur moi, jusqu'à ce qu'elle finisse par reposer de tout son poids sur mon épaule. Par moments sa tête tombait brusquement vers l'avant et je la retenais de la main afin qu'elle ne se cogne pas sur le siège de devant. À la moitié du trajet, il a commencé à pleuvoir violemment. C'est ainsi qu'on est arrivés au terminus au coucher du soleil, le corps fourbu, mon épaule et mon bras insensibles, nos affaires détrempées par l'averse qui s'était abattue sur le toit du bus et sans avoir prévu quoi que ce soit pour passer la nuit. On nous a dit qu'à cette heure-là il n'y avait plus de moyens de transport pour aller à La Realidad. Le premier taxi collectif partait le lendemain à six heures du matin.

C'était un petit village gris, aux maisons de parpaing recouvertes de toits de tôle, aux trottoirs cimentés, avec une place centrale sans arbres, contenant en son centre un kiosque solitaire et des bancs de béton dont les pieds imitaient la texture de branches d'arbres. Tout autour, la forêt. Il nous a semblé étrange de ne voir personne dans les rues à cette heure-là, l'heure du repos après le travail, où d'habitude les rues s'emplissent de passants, de familles, de jeunes et d'enfants, de vendeurs ambulants. Dans un coin de la place, un vieil homme pieds nus vendait des épis de maïs grillés. On a acheté du maïs et demandé à l'homme s'il y avait un hôtel ou une pension où on pourrait passer la nuit. Il parlait tout bas, en remuant la tête qu'il gardait baissée et, quand il a levé les yeux vers nous pour nous répondre, on y a vu des lueurs de terreur. Il nous a dit d'aller demander à l'épicerie voisine. On est entrées dans un local exigu, sans lumière, où des produits étaient entassés sur des étagères de vieux bois couvertes de poussière. Il n'y avait personne. On a appelé, puis attendu. Et pendant qu'on attendait, je regardais Maga, je regardais les boîtes de haricots empilées comme des tours, les bougies de toutes les tailles, les boîtes d'allumettes avec des images de corridas et de danseuses flamenco, les guirlandes qui pendaient du plafond, chargées de bouquets de plantes séchées, d'éponges de fibre naturelle, de jouets en plastique, d'ustensiles de cuisine et d'outils. Le magasin était minuscule mais il contenait suffisamment de denrées pour subsister pendant une petite guerre ou un siège policier relativement prolongé.

« Achète quelque chose », m'a dit Maga.

Elle avait raison, on ne pouvait pas faire venir la personne chargée de l'épicerie qui, de toute évidence, arrivait de loin, sans doute de l'autre côté du patio qu'on devinait par la porte entrouverte derrière le comptoir, et était peut-être occupée à cuisiner ou à regarder la télé ou même en train de dormir, et lui demander effrontément des indications sans rien acheter. J'ai jeté un œil aux produits sur les étagères. J'avais envie d'une boisson fraîche, mais il n'y avait pas de frigo. Les sodas étaient de l'autre côté du comptoir, derrière une vitre, à température ambiante, *al tiempo* comme disent les Mexicains. De toute manière, nous avions fait la promesse solennelle de ne plus jamais consommer certains produits d'une longue liste recensant les entreprises les plus néfastes qui, non contentes de produire des poisons remplis de substances toxiques et de sirop de maïs transgénique, étaient à la solde du capitalisme global le plus prédateur qui détruisait aussi bien les hommes que la nature, et les sodas en faisaient partie, toutes marques confondues. C'est pourquoi j'ai attrapé une bouteille de Boing, un jus de fruits dont on m'avait dit qu'il était produit par une coopérative, et je l'ai posée sur le comptoir. Elle avait passé la date de péremption, je m'en rendrais compte seulement plus tard, quand je l'ouvrirais et que commencerait à sortir du goulot une substance visqueuse à l'odeur fétide animée d'une vie propre. J'ai pris aussi sur les étagères une boîte de thon en conserve et un paquet de biscuits salés, achat qui allait s'avérer providentiel par la suite.

On nous a indiqué un petit hôtel, qu'on a atteint à la nuit tombante. Après nous être installées dans la chambre et avoir étalé par terre nos vêtements mouillés pour essayer de les faire un peu sécher, on est descendues avec l'idée de ressortir pour trouver un endroit où dîner. On n'avait rien avalé depuis le petit-déjeuner à part ces épis de maïs achetés au vieux monsieur de la place. Le réceptionniste de l'hôtel nous a averties qu'on ne trouverait rien d'ouvert à cette heure-là. Et qu'en plus, c'était dangereux. On est sorties faire un tour tout de même, et on a constaté qu'il ne mentait pas. Il devait être huit heures du soir et il n'y avait plus la moindre épicerie ouverte. La nuit était noire, venteuse, sinistre. Aucune voiture ne circulait dans les rues cimentées, il n'y avait pas de bruits de voix derrière les rideaux des rares maisons où on voyait de la lumière. On entendait seulement dans le lointain les aboiements désespérés d'un chien. On est retournées à l'hôtel.

En arrivant, on a vu que le réceptionniste n'était plus derrière son guichet à l'entrée mais dans une pièce voisine, dont la porte était ouverte. Il y avait d'autres hommes avec lui, assis sur des chaises en plastique et sur un grand lit double, animés, hilares, en train de boire des bières et de jouer à quelque chose, aux cartes ou aux dés. On entendait leurs rires caverneux alors qu'on attendait que le réceptionniste arrive pour nous donner notre clef.

« Invite-les à boire un coup ! a crié un des types depuis la chambre.

– Mais oui, gros. Dis-leur de venir, elles ont peut-être envie de jouer. Maintenant que les bonnes femmes veulent tout faire comme nous. En plus il paraît que les blanchettes sont joueuses. On va voir si c'est vrai. »

Évidemment, moi je n'ai rien compris à ce qu'ils disaient. Maga m'a fait la traduction plus tard. Elle m'a aussi traduit ce que le réceptionniste avait murmuré pour nous, la regardant dans les yeux : « Fermez la porte et n'ouvrez à personne. »

On a donc improvisé un dîner avec nos maigres provisions. J'avais dans mon sac un couteau de camping que ma mère m'avait offert et que je gardais toujours avec moi, on s'en est servi pour étaler le thon sur les biscuits. On s'est lavé les dents chacune notre tour dans le petit lavabo. La salle de bains était si minuscule que deux personnes ne pouvaient pas y tenir en même temps. La chambre, en revanche, était immense et vide, sans aucun autre meuble que le lit, même pas une table de nuit, si bien que toutes nos affaires étaient dispersées sur le sol. Allongées sur le lit au centre de la pièce, comme sur un radeau flottant à la surface d'un lac, un matelas gonflable dans une piscine de doutes, on a parlé longtemps de la meilleure stratégie pour rejoindre La Realidad le lendemain. On nous avait indiqué l'endroit d'où partaient des taxis collectifs et on voulait y être le plus tôt possible. On a décidé de mettre une alarme sur le seul téléphone portable qu'on avait, un vieux Nokia surnommé la cacahuète prêté par les punkis. Si la batterie tenait jusqu'au matin, la sonnerie se déclencherait. On n'avait pas de chargeur. On ne chargeait le téléphone que quand on trouvait quelqu'un qui en avait un compatible et qui voulait bien qu'on le lui emprunte une dizaine de minutes. On avait oublié de demander au réceptionniste s'il pouvait nous en prêter un, mais on n'avait pas franchement envie de retourner à l'entrée de l'hôtel. Les hommes réunis dans la pièce attenante à la réception ne nous inspiraient pas confiance. On pouvait entendre leurs rires et leurs éclats de voix. Ils faisaient de plus en plus de bruit. Ils étaient très excités. On aurait dit qu'ils se disputaient, faisaient des paris, et par moments on les entendait parler tous à la fois et donner des coups sur la table ou sur le mur. On a essayé de dormir mais on n'avait pas sommeil. Les voix s'apaisaient par moments pour mieux se déchaîner dans la minute suivante. Je ne comprenais pas ce qu'elles disaient, mais à plusieurs reprises j'ai eu l'impression qu'elles parlaient de nous. J'entendais des mots comme *güeras* (blanchettes, blondinettes, gazelles) et *putas* (putes, putains, pétasses), mais c'était peut-être une projection de mon imagination et je ne voulais pas demander à Maga de peur de l'effrayer elle aussi, et que mon inquiétude soit l'impulsion d'un mécanisme paranoïaque qui, une fois qu'il serait branché sur nos deux sensibilités à vif, aurait du mal à s'arrêter, comme il nous était déjà arrivé d'en faire l'expérience dans certaines de nos aventures qui auraient pu mal tourner.

Maga avait souvent l'impression que les gens avaient fumé ou étaient drogués et elle était extrêmement sensible aux moments qui précèdent la perte de contrôle. Elle était si sensible à ça que je m'étais parfois demandé si elle ne produisait pas elle-même quelque chose – un changement de vibration, des hormones dans l'air – qui nourrissait la déraison potentielle de ceux qui étaient autour d'elle. Moi, au contraire, même s'il m'arrivait de remarquer des yeux trop luisants, un sourire forcé, une ambiance louche, je faisais toujours comme si de rien n'était, je ne me rendais compte du danger que trop tard, quand il n'y avait plus rien à faire. Ma capacité à maintenir mon calme, si elle permettait parfois de faire redescendre un peu la tension générée par mon amie, n'était pas d'une grande utilité au moment de résoudre des situations dramatiques quand elles surgissaient, car elle s'accompagnait de trop de confusion. On formait un duo complémentaire, c'est vrai, mais notre complémentarité ne nous protégeait pas, elle ne nous permettait pas d'accéder à plus de clairvoyance dans les moments critiques qui constellaient le voyage, elle ne nous aidait pas non plus à prendre les bonnes décisions. Globalement, elle ne nous servait à rien.

J'ai dû à un moment donné sombrer dans un état de semi-sommeil car j'ai été surprise quand je me suis rendu compte que Maga n'était plus à côté de moi. Je me suis assise sur le lit. J'ai vu sa silhouette avancer vers moi et s'immobiliser au pied du lit.

« Qu'est-ce que tu fais ?
– Je suis allée fermer la porte à clef. Ça ferme à clef. Heureusement.
– Pour quoi faire ?
– Je sens un truc bizarre. Tu n'entends pas ? Il est trois heures du matin et ils n'ont pas arrêté. J'ai entendu des pas dans le couloir. »

Les voix qui provenaient de la pièce du bas continuaient leur tapage, sans pour autant devenir intelligibles. Peu de temps après, on a entendu des pas à nouveau. Cette fois, plusieurs personnes marchaient dans le couloir. Puis on a entendu une porte s'ouvrir et se refermer, comme si quelqu'un entrait et ressortait d'une pièce. Après ça, les types sont restés là, dans le couloir qui menait à notre chambre. Ils étaient si près qu'on pouvait entendre leurs respirations entrecoupées. Ils se sont approchés de notre porte. Ils ont essayé de l'ouvrir. Depuis le lit dans la pénombre, on voyait la poignée de la porte se baisser et remonter. Une main cherchait à tourner cette poignée. Elle insistait, encore et encore. Ensuite, des coups ont commencé à pleuvoir sur la porte.

« *Ocupado!* » j'ai dit. Une formule stupide, comme s'ils cherchaient à entrer dans des toilettes par erreur. Comme s'il s'agissait d'un geste sur lequel on pouvait revenir, compréhensible, logique. Comme si tout cela faisait partie du monde normal, et qu'on n'avait pas encore basculé.

Ils ont continué à cogner, de plus en plus fort, secouant violemment la fragile porte en bois.

« *Auxilio!* » a hurlé Maga. À l'aide! À l'aide! Elle a hurlé plusieurs fois, chaque fois avec plus de force. Son cri était terrifiant. Il m'a paralysée. Mais personne n'a répondu. Personne ne s'est manifesté. Il ne s'est rien passé. Pourtant, et on n'a jamais compris pourquoi ou comment, les hommes ont fini par s'éloigner. Ils sont retournés à la pièce où les autres jouaient aux cartes et les rires ont repris de plus belle.

On a passé le reste de la nuit assises sur le lit, adossées au mur. Dans ma main droite, je maintenais fermement mon petit couteau. Comme pendant un long trajet en autobus, il nous arrivait de glisser vers le sommeil de temps à autre, la tête appuyée au mur basculant soudain sur le côté ou sur l'avant, entrant brusquement dans des cauchemars étranges et brefs dont on ressortait aussitôt avec une sensation d'épuisement croissant plus que de repos. La nuit semblait ne pas avoir de fin. Pourtant, à un moment, la lumière ténue de l'aube est entrée par la fenêtre. L'hôtel était plongé dans le silence. On ne pouvait pas savoir l'heure car le téléphone-réveil s'était éteint. On a décidé de sortir. Il y avait encore un risque de tomber nez à nez avec un des hommes de l'entrée. À cette heure-là les gens dormaient encore. De toute façon, même s'ils avaient été éveillés, ni les autres clients de l'hôtel, à supposer qu'il y en ait eu d'autres, ni les voisins n'allaient nous aider. Personne n'avait répondu au cri de terreur de Maga. Personne n'allait lever le petit doigt pour nous. On a remballé nos affaires, chargé nos sacs à l'épaule et on a ouvert la porte en faisant attention à faire le moins de bruit possible. On a traversé le couloir dans l'obscurité, longé le bureau de la réception et on est sorties de l'hôtel.

On a fait quelques pas dans la rue vide. Le lever du jour approchait, et dans cet air bleu nuit où tous les bruits sont encore amplifiés avant que le bourdonnement du jour ne les dissipe, on entendait les graviers crisser sous nos chaussures de marche. On a commencé par s'éloigner furtivement de l'hôtel, marchant de plus en plus vite, puis on s'est mises à courir carrément. Je sentais mon couteau se balancer dans la poche de ma veste contre mon flanc. On pensait se diriger vers l'endroit qu'on nous avait indiqué comme étant une station de taxis ou un endroit qui faisait office de station de taxis, mais la précipitation de notre course nous avait désorientées. On s'est arrêtées de courir et on a essayé de se repérer dans le village. Il nous a fallu du temps et des détours avant de trouver notre chemin, d'autant plus qu'il n'y avait pas âme qui vive dans les rues pour demander des indications. Le seul être vivant qu'on a croisé ce matin-là était un âne qui marchait tout seul, traînant derrière lui une longe attachée à son cou. C'était un beau petit âne gris ou brun, avec une marque blanche entre les yeux. Je me souviens bien de lui parce qu'on l'a croisé à plusieurs reprises. Il arrivait de nulle part, à différents endroits, à l'angle d'une rue, à la pseudo-station de taxis, à quelques mètres de nous.

On a attendu les taxis collectifs jusqu'au lever du soleil. Quelques personnes sont arrivées. On leur a demandé l'heure. Elles ont voulu savoir si on voulait connaître l'heure de la campagne ou l'heure de la ville et on ne savait que répondre, puisque ce qu'on voulait vraiment savoir n'était pas l'heure qu'il était mais plutôt si on allait pouvoir trouver enfin un taxi pour La Realidad, et à quel moment on allait pouvoir y monter, si ça valait vraiment la peine au fond, si La Realidad n'allait pas se révéler être un village hostile comme celui-ci, plein d'énigmes et de menaces, de gens malintentionnés ou indifférents, d'eaux troubles, de peur, de tristesse. Je n'osais pas dire à Maga que j'en avais marre de notre aventure chiapanèque, que s'il ne tenait qu'à moi on pouvait repartir. Tous ces petits obstacles accumulés devenaient pour moi un ensemble de signes convergents qui donnaient raison à mon intuition : à quoi bon insister pour aller connaître les zapatistes si leur lutte nous était étrangère ? Pourquoi aller chercher des problèmes alors qu'on savait depuis le début que de toute façon on ne pouvait les aider en rien ? Nous n'avions rien d'utile à leur apporter. On aurait pu apprendre quelque chose d'eux, certes, mais cela me semblait un manque de respect et de politesse que d'aller leur demander de l'attention et du temps alors qu'on n'avait rien à leur donner en échange à part nos deux livres de théorie marxiste, alors qu'on venait sans projet, sans proposition précise. Je n'osais pas formuler mes doutes à haute voix parce que je connaissais la réponse de Maga à l'avance, les raisonnements qu'elle m'opposerait, son obstination. C'est pourquoi j'ai été surprise,

quand le premier taxi est arrivé et qu'on a compris qu'il n'allait pas plus loin et retournait à San Cristóbal, de l'entendre dire : allez ça suffit, on s'en va.
« Tu es sûre ? j'ai demandé.
– Écoute Netcha, je viens de parler au chauffeur. Il m'a dit que le taxi qui va à La Realidad est déjà parti ce matin, à six heures, depuis un autre endroit à la sortie du village. Donc, on a deux options : soit on arrive à trouver d'autres gens pour remplir un taxi privé et il nous emmène, soit on attend le taxi de demain matin. Et qui nous dit qu'il y aura un taxi demain ? Et à quelle heure ? Et où ? Je laisse tomber. J'abdique. Un point c'est tout. »

À ce moment-là j'ai pensé à une blague, en espagnol, ce qui démontre que j'étais en train de progresser dans la maîtrise de la langue, mais, après réflexion, je l'ai ravalée. J'allais lui proposer d'y aller à dos d'âne, puisque l'animal était apparu de nouveau et était encore en train de nous regarder. De toute façon mon amie n'aurait pas trouvé ça drôle. Elle l'aurait peut-être interprété comme une preuve de mon manque de sérieux, de mon manque de foi en notre projet d'aller connaître Marcos et de mon absence de compassion devant l'échec de notre tentative. Nous sommes rentrées à Comitán en silence, écrasées entre d'autres passagers à l'arrière d'une voiture aux sièges défoncés, et le trajet nous parut bien plus rapide qu'à l'aller.

Et ce fut tout. Les choses se sont passées plus ou moins comme je les ai racontées ici. J'ai oublié quelques détails. J'en ai sans doute fabriqué quelques autres. Ce qui est certain c'est que nous ne sommes jamais arrivées à La Realidad. Comment ne pas prendre cela comme un présage, une prophétie, un signe, un message? Au fil des ans cette constatation se rappelle à moi, cette idée que nous n'y sommes pas arrivées, et que nous n'irons peut-être jamais à La Realidad. Et si on considère ce qui est advenu par la suite, le cours accidenté de nos destinées, le message est encore plus empli de mystère. Il revient, encore et encore, comme le fameux petit âne, le petit âne absurde à la croisée des chemins.

Le seul théâtre possible pour notre poésie

Nous sommes retournées au Mexique, trois ou quatre ans plus tard, toutes les deux, mais séparément, et nous sommes restées vivre dans ce pays. Nous nous sommes sans doute éloignées l'une de l'autre au cours du voyage que nous avons fait alors, au moment même où nous étions le plus proches. Il faudrait peut-être parler de ce qui est arrivé à notre amour. Essayer de dire combien nous nous aimions et comment cet amour a changé de nature. Je ne l'ai pas dit au début parce que je ne suis pas sûre que ce soit ce qui nous est arrivé, être amoureuses et perdre l'amour en cours de route. Mais ça n'est pas impossible. On pourrait voir notre histoire sous cet angle-là et ça expliquerait peut-être certaines choses, mais ça n'expliquerait pas tout.

C'est au cours du voyage que je viens d'évoquer, celui du Chiapas, que j'ai nommé longtemps dans ma nomenclature personnelle le premier voyage, même si ça n'était pas notre premier voyage, ni mon premier voyage au Mexique, ce chaotique premier voyage avec Maga, qu'a débuté une certaine incompréhension, une certaine distance entre nous. Et il y a dans cet éloignement quelque chose de curieux car il s'est produit justement au moment où je commençais à maîtriser un peu mieux l'espagnol et où le poids d'une première incompréhension ne pesait plus sur nos épaules, celle des malentendus linguistiques, culturels, et même personnels car au fur et à mesure de l'acquisition de la langue nous apprenions à nous connaître chaque jour un peu mieux dans et par la parole. Ainsi au fur et à mesure que s'effaçait de notre quotidien le brouillage dû à une mauvaise communication, grandissait, d'abord insensiblement puis avec chaque fois plus de puissance, l'autre incompréhension, la profonde, l'irrémédiable et maudite incompréhension qui cause les disputes, les divorces et les abus, les conflits internes et externes, les batailles, les guerres même, et qui nous mènera tous au tombeau, ou pire encore, à l'anéantissement complet. Il y a eu un moment béni, un intermède entre deux paliers, quand la première incompréhension était en train de disparaître un peu et que l'autre n'était pas encore apparue dans toute son ampleur, bien qu'aucune des deux ne se soit jamais absentée totalement, mais elles ont été pendant un certain temps à si faible volume que nos oreilles ne pouvaient pas percevoir leur fréquence, et nous avons été alors, pourquoi ne pas le dire, intensément et sauvagement heureuses. Et tout ceci ne serait pas si étrange si cela ne correspondait pas exactement au moment où la sentence de Bárbara prenait tout son sens et devenait le plus vraie : « *Ustedes no entienden nada.* » Vous n'avez rien compris. Vous ne comprenez rien.

Nous n'y comprenions rien, absolument rien, et c'est sans doute aussi cela qui nous a permis d'être heureuses, ou relativement heureuses, dans un lieu et un temps où pratiquement personne n'était vraiment heureux. Le moment de notre fusion amicale ou amoureuse a été celui de ce voyage au Chiapas, le moment de grâce où nous errions, déboussolées, étourdies, éblouies, avec nos sacs à dos et nos cheveux emmêlés et nos sandales en cuir, avec nos prétendants et nos amoureux et nos amis et la fête et nos rêves, dans le sud du Mexique, dans le pays qui semblait avoir été inventé pour notre non-compréhension de quoi que ce soit, pour notre innocence et notre orgueil, pour notre jeunesse qui était rageuse et douce, timide mais sûre d'elle, déroutée et perdue, égarée entre les pages d'autres histoires plus importantes, comme nous l'étions nous-mêmes, exactement comme nous.

Bárbara avait sur le visage une marque distinctive, un grain de beauté noir, que j'ai pris au début pour un tatouage ou une mouche dessinée au crayon, mais non, elle était née ainsi, avec ce petit signe qui attirait l'attention sur son regard, lui donnait un air profond et, je ne sais pas pourquoi, un peu moqueur aussi. Cette marque était un point commun qu'elle avait avec l'âne qui se promenait dans les rues du village où nous avons attendu un taxi pour La Realidad, le village qui s'appelait peut-être Las Margaritas ou Escuadron 14 ou 15 de Mayo. Elle avait aussi en commun avec cet âne le don de toujours avoir l'air de dominer la situation, d'être présente comme si elle était près et loin en même temps, à observer, sans jugement, mais sans clémence non plus, riant secrètement de nos vains efforts. Et encore autre chose, une qualité que je ne saurais définir, qui avait quelque chose de prophétique, une capacité à voir au-delà, peut-être à travers cette marque, cette étoile pas loin des yeux, le don de déchiffrer et de mettre au jour une vérité qui nous échappait. Et moi, ce que m'ont donné ces obscurs oracles, il m'a semblé que c'était un message de défiance, pas nécessairement critique, mais une espèce d'encouragement à aller plus loin, à chercher mieux, à me mettre au travail une fois pour toutes afin d'essayer de comprendre un peu mieux ce qui se passait autour de moi.

Quand nous avons quitté le Mexique, quelques semaines après l'aventure du Chiapas, tout était complètement différent. Nous avons continué à n'y rien comprendre. En ce qui me concerne je comprenais encore moins qu'avant, beaucoup moins, mais j'avais quand même compris que trouver un peu de clarté dans ce chaos, dans ce chantier, dans ce labyrinthe de signes trompeurs, allait être vital pour moi. Quand tout est sens dessus dessous, que plus rien ne répond aux commandes, que tout est emmêlé de manière inextricable, dans un joyeux et tragique fracas, les Mexicains appellent ça un *desmadre*, une situation où il n'y a plus de mère, c'est-à-dire peut-être plus de boussole, plus de pilier auquel se raccrocher, plus de sein nourricier où trouver confort et secours. Voilà où on en était.

Nous sommes rentrées aux États-Unis. Les cours allaient commencer dans peu de temps. Je me suis mise à faire des projets sérieux. J'allais terminer mon année là-bas, économiser sur mon salaire, finir ma thèse et après je retournerais au Mexique pour rejoindre Luis. Je n'ai pas encore parlé de lui pour ne pas ouvrir trop de pistes dans ce récit déjà suffisemment embrouillé, mais il va bien falloir que j'en parle à un moment donné. J'avais rencontré Luis dans un voyage antérieur, que j'avais fait avec une autre amie et pendant lequel j'étais tombée amoureuse de ce jeune Mexicain à qui j'avais promis de revenir quelques mois plus tard, pendant le long séjour que j'allais faire en été avec Maga. J'ai tenu ma parole, après le voyage au Chiapas nous avons rejoint Luis, Maga et moi, sur la côte de Oaxaca où il vivait une vie de bohème, faisait du pain qu'il vendait aux touristes, écrivait des poèmes et fumait de l'herbe pas chère et horriblement forte toute la journée. Je ne vais pas entrer dans les détails, mais on peut dire que je suis repartie de là avec une nouvelle promesse, celle de revenir pour de vrai, revenir cette fois pour rester. Il fallait d'abord que je m'occupe de tout ce que j'avais laissé en suspens, mes études, mon visa de travail, mes affaires. Il fallait que je mette de l'ordre dans ma vie mais une fois que ce serait fait, je partirais le rejoindre.

Nous avons donc commencé notre semestre dans le Michigan en pensant au voyage pour le moins initiatique qu'on venait de faire, en pensant à nous, à ce qu'il adviendrait de nous deux si je partais vivre dans un autre pays, en pensant à Luis, en pensant au Mexique, en pensant à mille choses sauf aux cours de langue qu'on devait donner, mais qu'on a réussi à donner quand même, bien ou mal je ne saurais le dire, et de toute façon personne ne s'en souvient. Au bout de quelques semaines tout ça s'est arrêté brusquement quand on a appris la mort de Luis, dans les montagnes de la Sierra Sur de Oaxaca, entre San José del Pacífico et Oaxaca, dans une voiture qui essayait de le conduire à un hôpital de la ville de Mexico, la voiture de son beau-frère qui était arrivé trop tard pour le sauver d'une overdose de champignons hallucinogènes, de rage, de solitude.

Mais je ne vais pas parler plus de Luis, même si ça a à voir avec tout ça, avec La Realidad, avec la recherche d'un sens dans le brouillard, même si tout ce temps je n'ai peut-être fait que parler de lui sans le dire, et que je vais continuer, jusqu'à terminer cette étrange chronique de l'exil, le mien, celui de Maga, celui de n'importe qui, l'exil qui nous isole chacun et chacune d'entre nous, à partir du moment où on commence à essayer de défaire les nœuds de cette trame inextricable de fils d'histoires et d'anecdotes avortées qui compose nos destinées.

Après la mort de Luis, tout est parti en fumée. Nos plans d'avenir ont brûlé comme des torches, ils se sont désintégrés parmi les molécules de l'air, et le vent les a dispersés. Mon visa de travail n'a pas été renouvelé. Je suis repartie en France. Maga est restée aux États-Unis. Le Mexique a disparu de notre horizon. Deux ans ont passé, que j'ai employés à finir d'écrire une énorme thèse de doctorat à l'Université de Marseille-Provence, sur la littérature nord-américaine contemporaine, en vivant de cours d'anglais et de petits boulots. Maga s'est inscrite dans une université locale, un *Community College*, où elle allait étudier les arts plastiques les après-midi après avoir donné ses cours d'espagnol au département de langues romanes de l'Université du Michigan. Nous nous parlions à distance, parfois par Skype, parfois à travers de longues lettres par courrier électronique. Nous nous manquions. Elle m'écrivait : *te echo de menos*. Je répondais : *te extraño*, et c'était plus juste que de dire : tu me manques, puisque la focale est placée sur ce que ressent celui qui subit le manque et pas sur l'absence de l'autre. Je ressens le manque causé par ton absence. Je ressens l'étrangeté du monde parce que ton absence lui enlève du sens. Je ne suis plus la même en ton absence. Je suis devenue étrangère, étrange, parce que tu n'es plus là. Je t'étrange.

Nous sentions toutes les deux, pour des raisons différentes, que personne autour de nous ne pouvait nous comprendre. Elle, parce qu'elle vivait dans un pays qui résistait à ses tentatives de déchiffrement, et moi parce que j'avais perdu quelque chose de moi-même en terre étrangère. Aucune de nous deux ne se sentait à sa place dans le monde. Moi je m'étais résignée à cela depuis toujours. Je ne suis pas la seule. Nous sommes si nombreux, nous sommes légion, une armée innombrable de soldats en déroute, qui errent sur la superficie de la croûte terrestre, et qui ne se trouvent pas, qui ne sont de nulle part et ne vont nulle part. Partout où je suis allée j'ai rencontré des gens qui ne se sentent pas à leur place, qui ne peuvent la trouver, qui vivent leurs vies en exil, exilés dans leur propre famille, dans leur village, à l'école, partout. Mais Maga me disait : « Tu as laissé quelque chose de toi au Mexique. » Et moi je ne faisais pas très attention à cette phrase parce que je n'avais rien laissé du tout au Mexique, parce que les mois que j'avais passés dans ce pays avaient été les mois les plus étranges, les mois les plus incompréhensibles, les mois qui ne menaient nulle part. J'avais perdu ce que j'avais cru tenir, au Mexique. De cette histoire, il ne me restait rien, je n'avais rien laissé là-bas. Ce qui était vrai cependant c'est que j'avais fait une promesse et que, d'une manière ou d'une autre, les mots prononcés étaient restés en moi.

(Je suis avec Luis dans les montagnes de la sierra de Oaxaca, entre San José del Pacífico et San Lucas, quelque part par là, nous ne savons pas très bien. Nous nous sommes mis en chemin à l'aube depuis San José. Nous nous dirigeons, selon Luis, vers un village à trois heures de marche où vit un ami qu'il veut que je rencontre. Nous sommes perdus. La brume qui a enveloppé les montagnes pendant la nuit tarde à se lever. Luis dit que quand le soleil sera plus haut, il sera plus facile de nous orienter. Je finis par comprendre qu'il faut que j'arrête de le suivre et que, au contraire, ce soit moi qui le guide. Je suis née dans un village de montagne. Je sais trouver mon chemin. Et même à ce moment-là, alors que d'après ce que dit Luis, nous sommes perdus, je peux refaire le chemin en sens inverse, retourner sur nos pas et retrouver le premier sentier où nous avons commencé à marcher. Je n'ai pas besoin que la brume se lève pour retrouver le point où nous avons quitté la route principale pour nous engager sur le sentier, et de là, retourner à la maison d'où nous sommes partis plus tôt ce matin. Je peux faire ça sans qu'il s'en rende compte, pour qu'il ne s'en offense pas. Il se sent responsable, il pense que parce qu'il est un homme, il doit en savoir plus que moi sur les sentiers et l'orientation et plein d'autres choses encore. C'est normal qu'il ne sache pas. Il est né dans l'une des plus grandes villes du monde, une des plus étendues, une des villes dont il semble impossible de voir les limites, comme si on n'en sortirait jamais. Toute sa vie ou la majeure partie de sa vie, il l'a passée entre des rues et des immeubles, sans jamais avoir besoin de monter ne fût-ce que sur une colline. Il est né à Tlatelolco, près de la Plaza de las Tres Culturas. Il était orphelin, ou quelque chose d'approchant, sa mère de quinze ans l'a donné ou confié ou vendu à une femme de sa connaissance qui elle aussi était pauvre mais, pour des raisons à elle, a bien voulu prendre en charge cet enfant dont elle serait la mère-grand-mère alors qu'elle avait déjà deux filles adultes. Le garçon avait dû apprendre les lois de la rue, il avait dû apprendre à se battre, à travailler dans des emplois précaires, à vendre de la drogue et d'autres prouesses dans ce genre pour survivre dans la jungle urbaine. Il avait aussi été en prison pendant quelques mois après qu'on l'avait attrapé à falsifier des papiers, et un jour il s'était inscrit sur une liste pour s'engager dans l'armée et avait été envoyé pendant un an dans des régions inconnues creuser des tunnels, transporter des cargaisons et sortir des corps en décomposition de fosses clandestines. Pourtant, à ce moment précis, rien de ce qu'il a appris ne peut lui servir pour retrouver sa route parmi les pins de la Sierra Sur de Oaxaca et il est bien obligé de faire confiance à une Française imbue d'elle-même qui ne sait rien faire d'autre que de la théorie littéraire, une privilégiée qui n'a jamais eu à risquer sa vie pour défendre quelqu'un dans une ruelle obscure ou sortir un couteau pour défendre son cul. Son cœur bat si fort que sa respiration commence à devenir irrégulière, entrecoupée. Il sent ses jambes perdre peu à peu leurs forces. Nous ne nous regardons pas. Je marche derrière lui sur le chemin étroit qui se défait sous nos pas. J'avance pour me mettre à ses côtés. Je lui prends la main. La brume nous enveloppe comme si on était dans un nuage, épaisse, pleine d'infimes gouttelettes d'eau presque perceptibles, comme si nous étions pris dans le cœur d'un sanglot, et l'air a la couleur et la texture satinée d'une robe de mariée. J'aimerais lui dire des choses sans avoir besoin de parler, parce que j'ai honte de mon accent, de mes erreurs de prononciation et de diction et de conjugaison, que je commets à chaque phrase, à chaque mot, et parce que je ne suis pas sûre que des mots puissent exprimer réellement ce que j'aimerais qu'il sache à ce moment-là, qui est peut-être simplement cela : qu'il ne s'inquiète pas, que nous allons revenir sur nos pas et marcher jusqu'à la route principale et de là nous allons grimper un peu jusqu'à être en haut de la colline et une fois en haut nous regarderons aux alentours pour voir dans quelle direction se trouve le village qu'on cherche, que je ne vais pas émettre de jugement de valeur sur cette situation, que ça ne fait rien qu'on se soit perdus, que je m'en fous, qu'il n'a pas de raison d'avoir peur car même au cas où nous nous perdrions, nous avons suffisamment d'eau dans nos gourdes pour nous désaltérer et nous allons finir par trouver quelqu'un à qui demander notre chemin, car on n'est jamais vraiment seul dans les montagnes, il y a toujours des chevriers, des bergères, des muletiers. J'aimerais pouvoir lui parler sans parler, puisque c'est ce que nous avons fait jusqu'ici, comme font les amoureux des poèmes de Sabines. *Les amoureux vont en silence. L'amour est le silence le plus délicat, le plus tremblant, le plus insupportable.* Mais je vois bien qu'il se sent de plus en plus mal. Il est en train de commencer à imaginer que cette situation est une métaphore de notre relation en tant que couple, ou en tant qu'êtres humains sur la planète, il est en train d'halluciner un peu, il ne me l'a pas dit mais il a mangé les premiers champignons qu'il a trouvés sur le chemin et aussi ceux que des voyageurs rencontrés à la *posada* lui avaient donnés la veille, conservés dans un pot de miel. *Les amoureux vont comme des fous car ils sont seuls, seuls, seuls, et ils donnent tout d'eux-mêmes, ils donnent, à chaque instant, ils pleurent, car ils savent que l'amour ne pourra pas être sauvé.* Et alors pour le tranquilliser, ou pour me tranquilliser moi-même, ou je ne sais pas pourquoi, je lui dis qu'il ne s'inquiète pas, que tout va bien se terminer, qu'après ce voyage dans les montagnes je vais aller m'occuper de mes papiers, je vais mettre de l'ordre dans ma vie, et que je vais rentrer bientôt, que je suis fatiguée de chercher, que j'ai trouvé l'amour et que ça me suffit. *L'amour reporte toujours tout à plus tard, toujours le pas suivant, le prochain, le prochain.* Et non seulement je dis tout cela mais en plus je promets que quand j'aurai bien fait mes bagages, je reviendrai vivre avec lui. Ça n'est sans doute pas très clair, car je dis *bagaje*, et qu'en espagnol ça ne veut pas dire grand-chose, ça renvoie au barda des militaires ou au bagage intellectuel, et moi ce que je veux dire par là c'est que quand je serai prête, quand j'aurai réglé tout ce que j'ai à régler, ce paquet composé de passeport/déménagement/thèse/relations humaines et professionnelles et autres, je prendrai un avion et je viendrai construire quelque chose avec lui. Mais à ce moment-là, je ne sais pas pourquoi, il ne me demande pas ce que je veux dire exactement par cette histoire de bagage. Il reste là à m'écouter, il me laisse parler, il me laisse faire la promesse qui, si nous n'étions pas perdus dans cette brume et lui sur le point de pleurer et nos mains enlacées, n'aurait sans doute pas eu ce ton aussi solennel, ne semblerait pas si radicale mais qui, en raison des conditions de son énonciation, a l'air d'une sorte de verdict, ou d'une espèce de prière, ou d'une révélation d'un certain ordre. *Vides, mais vides entre une côte et l'autre côte, ils portent la mort qui fermente à l'arrière de leurs yeux, et eux, ils marchent, ils pleurent jusqu'au matin où parmi les trains et les coqs ils se disent douloureusement adieu.* Et c'est tout, bientôt nous retrouverons l'autre sentier, celui qui nous conduira sans nous perdre vers le village que nous cherchons et où Luis commencera son agonie quelques mois plus tard, dans la maison d'un vieil homme un peu fou qui était devenu son ami, mais nous ne savons rien de tout cela pour l'instant, et rien ne laisse prévoir que cela pourrait arriver, car bientôt le soleil va se lever et la lumière dispersera la brume et nous pourrons nous regarder dans les yeux et rire avec insouciance et ne plus parler de la promesse qui, cependant, a été faite et que nous avons entendue tous deux, et qui a déjà commencé à tisser à l'intérieur de nous son réseau de conséquences et de significations.)

Je suis revenue m'installer définitivement au Mexique en 2006. Quand on me demande pourquoi je l'ai fait, je réponds en utilisant l'une des trois ou quatre versions de l'histoire que j'ai sous la main. Je ne raconte presque jamais celle de la promesse. Peut-être qu'elle ne compte pas. Parfois je pense que oui, parfois je pense que non. Parfois je pense que c'est la seule véritable raison. Je me sens toujours un peu mal à l'aise, car je sais que n'importe laquelle de ces versions, prise séparément, est un peu mensongère. La réponse la plus sincère que je pourrais donner est que je ne sais pas.

(Cronos est le monstre qui fait tourner cette roue de la fortune. Et bien qu'il ne me soit pas encore possible à ce point du récit de dire ce que je veux dire ici, car le terrain n'est pas encore prêt, je peux d'ores et déjà avancer que cela a à voir avec l'impossibilité de maintenir une même opinion, une vision sur un sujet, un événement, une idée, au fil des années. On change tellement que même une perception subjective n'est pas unique sinon multiple, car il lui faut correspondre à la multiplicité des personnalités que l'on adopte selon les circonstances. Avant de prendre la parole, il faudrait faire une synthèse biographique du moment où on prend la parole, et l'actualiser ensuite chaque fois qu'on apporte quelque chose de nouveau. À la fin on obtiendrait non seulement le développement d'une idée dans le temps mais aussi le développement d'une sensibilité, chacune se mouvant autour de l'autre comme des planètes affolées, en mouvement et changeant de forme constamment. C'est une évidence d'affirmer que ma vision du Mexique – et de la réalité – était différente avant d'y vivre. Depuis, le temps a passé, j'ai changé bien sûr mais le Mexique aussi a changé, la réalité a changé. Les idées que j'ai maintenant n'invalident pas les autres, qui étaient valables au moment où elles ont été conçues. Rien ne prouve que mes idées d'aujourd'hui soient plus justes ou plus près du vrai. On ne voyage pas de l'ignorance à la vérité, mais d'une ignorance à une autre, plus documentée peut-être. Cette précision pourrait être utile pour définir les conditions de l'essai qui n'est autre que le déroulement de l'évolution d'une idée, d'une perception, ou série d'idées ou de perceptions, au fil d'un temps donné, depuis une perspective changeante. Un bout de chemin qui se fait en cheminant, sans origine ni but, depuis un début hasardeux et sans point final.)

> *Toi qui marches, tes traces sont le seul chemin*
> *Toi qui marches, il n'y a pas de chemin*
> *Le chemin se fait en marchant.*
> *En marchant on fait le chemin*
> *et lorsqu'on se retourne*
> *on voit*
> *le sentier*
> *qu'on n'empruntera plus jamais.*
> *Toi qui chemines, il n'y a pas de chemin*
> *si ce n'est celui que laisse*
> *le sillage*
> *sur la mer.*

Je suis retournée seule au Mexique. Personne ne m'y attendait mais j'y suis retournée quand même. Un jour Maga m'a appelée depuis le Michigan pour m'annoncer qu'elle avait gagné une bourse pour un projet artistique et me proposer de l'accompagner dans un nouveau voyage.

On ne nous croyait pas vraiment, au début, quand on disait qu'on allait repartir. On va repartir au Mexique, toutes les deux, dans le camion de Maga. On traversera le pays, on passera la frontière à Ciudad Juarez ou à El Paso, après on continuera. Vous êtes folles. Vous êtes complètement folles.

On voulait voyager. C'est-à-dire, quoi? Ça veut dire quoi voyager? On voulait ne pas être des touristes qui ne voient rien, ne pas chercher les endroits connus, juste se laisser dériver, faire la route, rencontrer des gens, sortir du monde étriqué. On voulait s'asseoir à une table avec des inconnus, ne pas avoir peur malgré la peur, ne pas montrer trop notre jeunesse, notre soif. Seuls les hommes nous abordaient. Mais, très vite, ils nous invitaient chez eux. Et chez eux, c'était des maisons avec des familles, des problèmes de maison, des problèmes de famille. On s'attachait, on avait envie de rester, de se faire des amis et des ennemis, de se faire des vies nouvelles. On buvait du Nescafé dans des tasses en plastique, des petites bières fraîches à la bouteille. On riait, ma parole, oui on était folles.

Il fallait repartir. On repartait. On avalait des kilomètres. On aimait les grands ciels, les ciels immenses au-dessus de la route. On ne se lassait pas des plaines, des déserts, des paysages. Le seul théâtre possible pour notre faim, pour notre colère, pour notre poésie. On aimait l'odeur de chaleur sur le goudron, les viandes cuites sur des plaques graisseuses, les musiques chargées du chagrin d'un autre peuple. On fuyait notre blanchitude, qu'on nous rappelait à chaque instant. On fuyait, on cherchait quelque chose. L'Amérique avait un goût amer, mais un goût de quoi exactement, on n'aurait pas su le dire, on ne voulait pas le savoir. On voulait croire qu'on allait trouver quelque chose dans la fuite, quelque chose d'autre, quelque chose de plus. Déjà on s'était trouvées, nous deux, mais il nous fallait arpenter encore. On dormait à l'arrière du camion, les rideaux tirés et bien attachés avec des pinces à linge pour que personne ne devine qu'il y avait des gens là-dedans, comme si ça n'était pas évident, avec la buée qui se formait sur les vitres. On fermait les loquets. On se lisait des histoires pour s'endormir. On regardait des cartes routières, on notait des itinéraires, des idées. On rêvait à haute voix. On s'aimait. On s'engueulait. On fumait au volant. On avait les cheveux sales, des tresses avec des plumes dedans, des sandales en cuir, des idées fausses.

On nous disait de ne pas rouler la nuit. Et on roulait. On roulait quand même.

Nous traversons la frontière américaine à Nuevo Laredo, après un long et épuisant trajet avec un ami mexicain qui revient au pays après sept ans de vie dans le Nord. Pépé ne rentre pas les mains vides. Il est au volant d'un beau semi-remorque d'occasion. Moi je conduis un pick-up qui lui appartient aussi. Je l'ai accompagné le jour où il l'a acheté, dans un immense terrain grillagé, quelque part dans la périphérie de Détroit, au milieu de voitures rafistolées, de montagnes de moteurs et de murailles de roues. C'était un jour quelconque de l'hiver sans fin de la région des Grands Lacs, qui, au moment où nous traversons la frontière sud des États-Unis, semble si lointain qu'il pourrait ne jamais avoir existé, si ce n'est dans notre imagination. Maga conduit un van qui lui appartient à elle, mais qui est rempli du bric-à-brac américain de Pépé, tout comme l'arrière du pick-up. En plus de tout ça, je traîne derrière le véhicule que je conduis une carriole sur laquelle ont été installés deux quads jaunes rutilants ficelés par des mètres de corde pour qu'ils soient bien attachés. Les gardes-frontières ont inspecté les véhicules et leur chargement pendant plus de deux heures. Ils ont tout passé au peigne fin. À Maga et moi, ils nous ont demandé : « Qu'est-ce que vous faites ici ? Où allez-vous ? Où sont vos maris ? » (Nous nous sommes regardées sans rien dire, moi l'air surpris, pas sûre d'avoir bien compris, Maga en se mordant la langue pour ne pas laisser échapper quoi que ce soit qui nous rende suspectes, qui énerve les douaniers, ou qui fasse qu'on nous retienne plus longtemps dans cet atroce endroit. Où sont vos maris ? Nous n'allions pas de sitôt oublier cette question-là.) Ils ont fait payer des taxes sur chacun des objets importés : la machine à laver, les roues de rechange pour le semi-remorque, les moteurs, les vêtements pliés dans leurs gros sacs plastique noirs, les quads, mais ils ne nous ont pas demandé de papiers. Pépé n'en a pas. Il en a eu besoin pour entrer, il y a sept ans, mais maintenant pour sortir il faut seulement de l'argent. À la fin on nous laisse passer et nous retrouvons les frères de Pépé qui sont venus nous attendre de ce côté de la frontière depuis l'État de Mexico. Ce sont eux qui vont prendre le contrôle des véhicules à partir de maintenant. Ses frères n'ont pas vu Pépé depuis sept ans. Ils pleurent. C'est beau. Tous les deux sont de gros camionneurs avec des moustaches, des tee-shirts avec des logos de boucheries ou d'ateliers de garagistes. Ils se serrent dans les bras. Nous aussi nous pleurons un peu. « Allez, partons d'ici », dit Pépé. « Partons d'ici », disent les gros, et ils veulent dire par là, laissons tout ça derrière nous, ces sept années qui ont creusé le vide entre nous, et les raisons qui ont conduit Pépé à partir et à les laisser, mais ils veulent dire aussi tout simplement allons donc fêter ce retour dignement, sérieusement, avec une vraie fête de village, mais d'abord il faut s'éloigner de cet endroit de merde plein de toxicos faméliques et de migrants centro-américains qui font la manche pour se payer un sandwich. Mais c'est justement à ce moment précis, alors qu'on arrive à la ville fantôme de Nuevo Laredo, entre des fastfoods et des casses de voitures et des magasins de surplus militaire, alors qu'on a l'impression qu'on va enfin pouvoir quitter cet enfer, à deux pas de la fiesta qui nous attend dans l'État de Mexico, que le van décide de tomber en panne.

 C'est donc assise sur le siège avant, côté passager, dans la chaleur démente du mois de juillet dans cette région désertique de la frontière nord du Mexique, alors que nous attendons tous de pouvoir trouver la pièce qui pourra réparer le moteur, que j'écris ceci :

> *Un terrain vague*
> *Une route de poussière*
> *Des voitures en pièces*
> *Capots rouillés*
> *Il manque des pneus*
> *Un coq et des poules*
> *picorent des pelures de pommes entre deux flaques d'eau*

> *Venir si loin pour si peu d'exotisme*

> *On attend depuis trois jours*

*Les hommes ne veulent pas nous dire quel problème
a le camion exactement
ni quand il sera réparé
Peut-être qu'ils ne savent pas*

*À quelques kilomètres d'ici une femme meurt
chaque jour
assassinée*

*Le coq donne des coups de bec
dans un jouet abandonné*

*Je me penche sur la terre molle
C'est le même chat gris en peluche
que j'avais
dans mon enfance*

C'est au cours de ce voyage-là, le deuxième, celui qui commence à Ann Arbor, Michigan, et qui finit au Mexique, ou qui ne finit pas, puisque nous y restons, nous prolongeons, nous prolongeons puis nous restons, c'est dans les premiers mois de ce périple en camion, que nous démontrons, Maga et moi, de la manière la plus convaincante qui soit, que nous ne comprenons rien. Nous nous le démontrons à nous-mêmes. Et pourtant nous continuerons, après cela, à vouloir revenir, obstinément, revenir pour de vrai cette fois, chacune de son côté, vivre dans ce pays-là, justement ce pays-là, comme si devenir partie prenante de ce chaos nous permettrait de l'apprivoiser un peu. Après Nuevo Laredo, nous irons à Saltillo et de là à Real de Catorce, où nous ferons une collecte d'histoires de fantômes et de revenants, racontées par des gens du coin et quelques touristes déviés de leur route, sur des places de village, en échange d'un bol de lentilles. Oui. En échange d'un bol de lentilles ! Nous installions notre table pliante à un endroit choisi de la place du village, nous la couvrions d'une jolie nappe colorée et nous nous mettions à cuisiner là, sur notre réchaud portable, des lentilles au chorizo, des lentilles aux carottes, des lentilles aux oignons et parfois des lentilles avec de petites pierres volcaniques et du sel et rien de plus. Comme s'il s'agissait d'un stand de nourriture à emporter, comme si on était des vendeuses de lentilles itinérantes. Les gens s'approchaient. Nous leur racontions notre projet, qui consistait à collecter des histoires, comme ça sur les places de village, partout dans le pays. Et comme il ne nous paraissait pas juste de prendre des histoires sans rien donner en retour, nous proposions en échange de chaque récit un bol de lentilles. Les gens souriaient, acceptaient parfois les lentilles, parfois non, et se mettaient très vite à raconter toute sorte de choses et, au début, il nous a été difficile de trouver un moyen de ne pas perdre toute cette matière, car nous ne voulions pas introduire d'appareil d'enregistrement, pas de micro ni de téléphone, nous ne voulions pas mettre cette barrière entre les personnes qui racontaient et nous, il nous semblait que cela aurait tout gâché. Mais alors quand la soirée se terminait et que nous rentrions nous étendre sur notre matelas à l'arrière de la fourgonnette, nous avions déjà oublié la moitié des histoires. Nous nous souvenions bien seulement des dernières écoutées et nous étions si fatiguées qu'il était impossible de tout noter en détail. C'est pour remédier à ce problème que nous avons décidé de faire les Françaises chacune notre tour. C'est-à-dire que dans certains villages j'étais la Française qui ne parlait pas assez bien la langue pour pouvoir échanger avec les gens. Je m'occupais de la cuisine et de me souvenir des histoires que j'entendais. D'autres fois c'était Maga qui faisait la Française et moi j'étais une autre Française mais qui parlait espagnol.

 Notre collection de contes populaires et de littérature orale a grandi peu à peu au fil de notre voyage du nord au sud du pays. Quand nous sommes arrivées dans l'État de Veracruz où nous nous étions inscrites plusieurs semaines à l'avance à un atelier de marionnettistes, nous avions une idée plus ou moins claire de la pièce que nous voulions créer. Il nous a fallu monter un décor, fabriquer des marionnettes, apprendre à les faire parler. Une Chilienne qui faisait de la danse et du théâtre s'est jointe à nous et nous avons fait une partie de la route ensemble à réfléchir à nos histoires de fantômes, de morts-vivants, de chiens qui parlent, de chevaux qui disparaissent et de femmes assassinées qui reviennent la nuit pour se venger.

Après les marionnettes on est passées à la joaillerie. C'était comme ça, cette époque avec Maga. Les sujets d'apprentissage étaient dévorés intensément, jusqu'à l'os, et quand nous en avions plus ou moins fini avec l'un d'eux, un autre surgissait aussitôt, qui avait certainement quelque chose à voir avec le précédent, selon une certaine logique, la logique de celle qui menait cette barque. Moi je n'étais pas si passive que j'en ai l'air en décrivant les choses comme ça, j'étais une suiveuse active, trop heureuse qu'on me choisisse des territoires à explorer, des sujets d'étude, des raisons de continuer la route. Mais il est vrai que ma lenteur faisait de moi une observatrice avant tout, ou bien l'inverse : ma position d'observatrice me rendait trop lente, me mettait en retrait, si bien que je n'étais jamais vraiment au centre de l'action, mais toujours un peu à côté.

Nous avons passé une ou deux semaines dans la région d'Hidalgo avec une artisane qui faisait des bijoux en argent. Maga avait entendu parler d'elle par un maître joaillier des Beaux-Arts de

Taxco qui nous avait enseigné les rudiments de son art et nous avait montré des pièces d'une singulière beauté provenant de l'atelier de cette femme. Maga l'avait interrogé et ne l'avait pas lâché jusqu'à ce qu'il donne le nom et l'adresse de l'artisane. Nous nous sommes mises en route pour partir à la recherche de son village perdu et avons fini par la trouver. C'était une petite femme d'une soixantaine d'années, indigène mazahua aux longs cheveux séparés en deux tresses noires. Elle nous a reçues avec plaisir, du moins au début. C'était déjà arrivé que des *gringas* viennent à son atelier, des femmes élégantes qui avaient des magasins d'artisanat mexicain à San Francisco ou à New York et qui achetaient beaucoup et payaient bien, car elles revendaient à des prix encore plus élevés dans leurs boutiques. Mais nous, évidemment, nous n'avions pas un sou, puisque les lentilles, les histoires de morts-vivants et les marionnettes ne rapportent pas grand-chose comme on s'en doute, du moins pas grand-chose sur le plan économique, c'est ce que je veux dire (car à d'autres niveaux, toutes ces activités nous ont apporté beaucoup, tellement même qu'encore aujourd'hui je remercie secrètement Maga pour toutes ces folies, ses folies, absolument toutes, même celles qui nous ont conduites à la rupture, à l'épuisement, au désespoir : le jeu en valait mille fois la chandelle). Alors, donc, Maga voulait convaincre cette femme mazahua de nous enseigner à faire des bijoux comme les siens, un art qui ne se pratiquait que dans cette partie du pays, qui n'existait même que dans ce village-là. La femme elle-même disait que son art allait disparaître avec elle, ses enfants ne désiraient pas l'apprendre, ils n'étaient ni intéressés ni habiles de leurs mains. Moi j'essayais de convaincre Maga qu'on ne pouvait pas demander à un artisan de ce pays de nous enseigner ses secrets de fabrication, que c'était comme piller le trésor de la famille. Leur peur la plus grande est qu'on les copie. Ils préfèrent mille fois que leur art se perde, disparaisse de la face de la terre, plutôt que d'imaginer qu'une personne étrangère au clan puisse continuer, et c'était encore pire s'agissant d'une personne comme Maga, une ogresse, une géante venue d'on ne sait quelle terre étrangère pour conquérir le monde avec son accent andalou. Mais Maga, pour changer, s'est entêtée. Elle a dit qu'elle allait essayer quand même. La femme, après une longue conversation avec mon amie, a fini par accepter. Plus tard, dans la nuit, au calme dans notre chambre roulante à l'arrière du camion, j'ai essayé de convaincre Maga qu'au Mexique personne ne peut dire non quand quelqu'un demande un service, mais qu'on pouvait faire comprendre d'une autre manière quand il s'agissait de montrer qu'on ne voulait pas quelque chose. « Et tu crois que je suis assez ingénue pour prendre un oui-non pour un oui-oui ? m'a-t-elle répondu. Netcha, s'il te plaît. Tu ne vois donc pas que cette femme a vu du plus profond de son âme que je vais devenir sa fille spirituelle, que je suis capable d'honorer sa mémoire à travers ce qu'elle va m'enseigner. Tu ne vois pas ça ? »

C'est ainsi que, pendant deux semaines, nous sommes restées chez la joaillière, à essayer d'apprendre ce qu'elle ne voulait pas nous enseigner. Elle nous a acceptées dans sa maison. Nous dormions dans notre fourgonnette mais nous partagions les repas avec elle et ses enfants, que je cuisinais avec la fille aînée, pendant que Maga et la femme partaient toute la journée travailler. J'ai appris à faire des tortillas, à peler des piments et à faire cuire des haricots rouges. La fille de l'artisane, une adolescente timide et charmante qui parlait mazahua et riait en mettant une main devant sa bouche, a, de son côté, appris à faire des crêpes, des pizzas et des lentilles à la moutarde et au chorizo. L'artisane laissait Maga dans son atelier avec son apprenti et se retirait pour travailler de son côté dans une autre partie de l'atelier, prétextant des commandes urgentes, pendant que mon amie faisait des pièces grossières avec des outils inappropriés dans son coin. Je n'ai ressenti aucune satisfaction quand il s'est avéré que les choses se passaient comme je l'avais prévu. De toute façon Maga n'allait jamais reconnaître que j'aie pu avoir raison, et elle a fini par conclure qu'elle n'avait pas suffisamment de talent dans les mains pour pouvoir travailler un matériau aussi délicat que le filigrane d'argent. C'est ainsi que nous avons fini par quitter ce lieu, soulagées toutes les deux, un jour sec et chaud du printemps mexicain. Et je me souviens que quand notre véhicule a descendu la colline sur laquelle se trouvait le village des Mazahuas, nous avons pu contempler une immense vallée jaune, à moitié désertique, où brillaient de loin en loin des buissons en flammes. Nous avons compris ensuite que ce qui mettait le feu aux arbres était des *globos de cantoya* lancés depuis un village voisin, des lanternes faites de papier très fin contenant une petite bougie qui réchauffe l'air à l'intérieur et leur permet de s'élever dans l'air. Des centaines de lanternes colorées, de toutes formes et de tous styles, des *piñatas*, des planètes, des animaux de Disney, un dragon, un cœur, la tête géante de l'ancien président moustachu Vicente Fox, certaines vraiment énormes, se baladaient dans les cieux avec leurs petites flammes au milieu. Dans ce village, ils avaient eu l'idée d'organiser un festival de *globos de cantoya* dans une plaine semi-aride, au milieu de la saison la plus sèche et la plus chaude de l'année.

Pourquoi raconter tout ça? L'histoire des marionnettes, de la joaillerie, et les autres aventures qui vont suivre, j'ai commencé à écrire tout cela pour donner du contexte, c'est-à-dire, pour éviter de présenter mes voyages au Chiapas comme le résultat d'un projet précis, un destin construit depuis une forte éducation politique, pour montrer la part de hasard qui m'a finalement conduite là. J'ai pensé pendant longtemps que ces histoires étaient personnelles, qu'il ne fallait pas les raconter, mais quand je les raconte aujourd'hui j'ai l'impression qu'il ne s'agit plus de nous, mais de jeunes femmes d'un autre âge, un âge où il était encore possible de se chercher, de se trouver ou de se perdre. À quoi bon revenir sur ces souvenirs de jeunesse, comme ceux que racontent les anciens, s'attardant pendant des heures sur des petits événements rocambolesques qui ne disent plus grand-chose à ceux qui les écoutent, qui ne semblent être là que pour mettre en valeur le courage, la malice ou la bonté du vieillard devenu? Souvent on ne sait pas, ou on devine a posteriori pourquoi on écrit. Il me semble que parfois l'impulsion d'écrire vient du désir d'essayer de mieux comprendre quelque chose. Parfois de mieux expliquer, s'expliquer quelque chose. Mais puisqu'on sait qu'on ne comprend et qu'on n'explique jamais rien, est-ce qu'il ne s'agirait pas plutôt de vouloir être? Être à un endroit précis, s'y projeter, s'y faire un jardin. Il y a pour moi ici la réalité d'une nostalgie. Je veux être encore un peu là-bas, avec Maga. Je veux retourner dans ce moment où je n'ai pas encore le désir de comprendre, pas le même, aucun besoin d'expliquer. Juste être là dans ce temps de la vie pure. Je veux comme Roberto Bolaño prendre le costume d'Arturo Belano, entrer dans sa peau, ne fût-ce que pour jouer, quelques heures encore, dans la peau divine de Belano avant qu'il ne devienne Bolaño. Je veux être celui qui est derrière Mario Santiago, s'accrochant à sa taille sur une improbable moto qui file dans le désert de Sonora, je veux être celle qui ferme les yeux, pour éviter la poussière et pour sentir mieux l'odeur des cheveux de Maga que le vent rabat sur mon visage.

Artaud dans le bardo

Pour moi, les zapatistes du Chiapas, avant d'être le peuple libre ou le peuple d'en bas à gauche ou toute autre dénomination d'origine politique, étaient des Indiens, avec tout ce que cela entraîne du point de vue d'une Française née à la fin des années 1970 et dont la vision du monde et la culture étaient jusque-là essentiellement livresques. Et cela n'entraîne pas les mêmes conséquences que pour quelqu'un qui serait né en Amérique ou quelqu'un qui ne percevrait pas le monde à travers des fictions lues au préalable. C'est pour cette raison que la question politique n'était pas une évidence pour moi, elle était même presque accessoire, car ma vision était avant tout essentialiste, absolument anhistorique, construite par des mythes et des discours poétiques, des représentations esthétiques et philosophiques fondées sur des projections plus que sur des recherches proprement dites. Je ne veux pas dire par là que la vision historique, scientifique ou anthropologique des peuples ait plus de poids ou de légitimité pour moi que la littéraire. Aucune vision ne peut se targuer d'avoir le privilège de la vérité. Je voudrais simplement souligner à quel point il est étrange d'arriver à un endroit que l'on a connu d'abord par la littérature. C'est une porte d'entrée, mais une porte dérobée, qui ne donne pas directement sur des paysages mais sur des interprétations de paysages, une forme d'inconscient des lieux, qui a à voir avec eux bien sûr mais qui n'a pas vocation à être fidèle.

J'avais lu *Pedro Páramo*. Je l'avais déclamé et écouté car nous l'avions lu à haute voix, mon amie et moi, depuis notre mansarde d'étudiantes, où nous nous lisions l'une à l'autre avant de dormir, et nous sommes entrées par là dans un Mexique de fable, de mystère, de morts-vivants. Des chemins de terre dans une plaine désertique mènent à un village abandonné où Juan Preciado est venu chercher son père qu'il n'a pas connu, pour lui demander des comptes et exiger son dû. Un livre que nous avions choisi par hasard pour sa couverture, avec de petites têtes de mort à la place des O du titre. Juan Rulfo y fait parler des fantômes, un muletier, une vieille femme qui dit connaître le narrateur, puis tout un village d'âmes en peine, errant dans les rues battues par le vent de ce lieu en marge du temps, en marge de l'histoire, à jamais enfermé dans son infernal présent. Les voix qui murmurent leurs tourments l'une après l'autre ne trouvent pas la paix parce qu'elles ne peuvent pas mourir et elles n'ont d'autre choix que celui de hanter le monde. Nous lisions cela comme nous lisions Beckett ou Kafka, comme une invention extraordinaire d'un mode de narration qui fabriquait de l'impossible, racontait le néant, côtoyait le silence et faisait parler des voix d'outre-tombe comme si elles sortaient de notre propre tête.

À part ça, de littérature mexicaine, je ne savais rien. Ce pays a surgi dans ma vie, pour ainsi dire, de nulle part, des amitiés de hasard dans les bars pour migrants d'Ann Arbor, de Dearborn et de Détroit et, de toute évidence, de la main de Maga. Mais, si on remonte un peu plus loin, on trouvera parmi mes lectures profondes, celles de l'adolescence, celles qui changent littéralement la vie, tranquillement, puisque c'est ce que font les choses qui nous arrivent à cet âge-là, un poète qui, mené par son propre réseau de coïncidences, avait vécu un temps et écrit une certaine quantité de textes sur le Mexique : le mal-aimé, ou trop aimé, le prince des bardes clochards, des prophètes ex professo, des fous maudits et vénérés, mesdames et messieurs, j'ai nommé pour vous le grand, le seul et unique, le roi, le Mômo : Antonin Artaud.

Je suis arrivée au monde indien par la porte la plus invraisemblable, la plus saugrenue, la plus insensée, qu'a été pour moi la poésie de ce voyageur hors du commun. J'avais lu *Le Théâtre et son double*, une partie de la poésie d'Artaud, des fragments des carnets qui commençaient à être publiés et le *Voyage au pays des Tarahumaras*. Je savais qu'il avait débarqué au port de Veracruz en février 1936, et qu'il en est reparti, neuf mois plus tard, en octobre de la même année. Dans une vie antérieure j'avais commencé une thèse de doctorat sur l'œuvre de plusieurs poètes, dont Artaud, c'est pourquoi je connaissais assez précisément les données biographiques. Plus tard, après le voyage avec Maga, une fois la décision prise de rester au Mexique, j'ai fait des recherches dans la bibliothèque de l'Université nationale autonome du Mexique et j'ai trouvé dans les archives du campus ses textes politiques et autobiographiques publiés dans ce pays, en espagnol, en dehors des textes des Tarahumaras (et avant eux). Artaud ne parlait pas bien la langue, mais les amis qu'il s'est faits en arrivant, rapidement, comme toujours des gens fascinés par son aura, lui avaient offert leur aide pour faire connaître sa pensée et lui permettre de gagner un peu d'argent. Ils se pressèrent de traduire les textes et de chercher des journaux où les publier. Le poète guatémaltèque Luis Cardoza y Aragón, qui était journaliste à *El Nacional* et avait rencontré Artaud à Paris dans les années 1930, est devenu son ami, l'a aidé, l'a invité chez lui, et a cherché des contacts pour qu'il puisse se procurer les drogues qui lui permettaient de contrôler provisoirement les crises psychotiques qui l'assaillaient sans pitié. Malgré la précarité de sa situation et sa vulnérabilité intérieure, la pensée d'Artaud telle qu'elle apparaît dans ces écrits semble extrêmement lucide, extralucide même, capable de voir le squelette du monde sous sa peau. Un drôle d'albatros, gauche et empêtré sur terre mais qui vole au-dessus de tous dans le monde de l'esprit.

Je suis venu au Mexique pour fuir la civilisation européenne, issue de sept ou huit siècles de culture bourgeoise, et par haine de cette civilisation et de cette culture. J'espérais trouver ici une forme vitale de culture [...] Pour moi, il n'y a pas de révolution sans révolution dans la culture, c'est-à-dire dans notre façon universelle, notre façon, à nous tous, les hommes, de comprendre la vie et de poser le problème de la vie. [...] Toute création est un acte de guerre : guerre contre la faim, contre la nature, contre la maladie, contre la mort, contre la vie, contre le destin. [...] C'est parce que j'ai une idée unitaire de la culture que je dis que penser, dormir, rêver, manger, tout cela c'est la même chose. Tout cela c'est la vie. Mais je dis que ce même esprit de collectionneur qui accumule des tableaux et des livres et amasse des pierres dans les musées est aussi l'esprit qui accapare les vivres, qui asphyxie la production du monde et qui détourne au bénéfice de quelques individus tout un ensemble de richesses matérielles dont la jouissance appartient à tous. (*El Nacional*, 1936.)

Il voulait fuir la civilisation européenne, qui était devenue pour lui synonyme de mort. C'est une vision qui est difficile à comprendre, si on regarde depuis le Mexique, où justement ce que l'on admire le plus de l'Europe, c'est sa civilisation, sa culture. Il m'est arrivé à plusieurs occasions d'essayer d'expliquer cette fuite, sans avoir besoin de faire référence à Artaud ou à un autre illustre explorateur, puisqu'il s'agit toujours de la même perplexité face aux voyageurs occidentaux d'aujourd'hui qui s'exprime dans la cascade de questions épineuses : mais pourquoi venez-vous ici ? Pour quoi faire ? Qu'est-ce qu'il y a de mal à vivre dans un pays développé ? Que peuvent avoir de mauvais la science, la démocratie, la laïcité, les institutions démocratiques ? Alors que c'est justement ce qui nous manque ici, c'est ce dont rêvent les Mexicaines et les Mexicains, un peu plus de justice, un peu plus d'infrastructures, d'école gratuite et obligatoire, de rationalité. Tout le monde semble penser que l'Europe possède ces choses qui font tant défaut presque partout en Amérique, qui permettraient de sortir d'un tunnel sans fin, de la corruption vorace, de l'ignorance envahissante, de la religiosité aveugle et criminelle, de l'ignoble esclavage qui découle de l'inégalité. La France fait rêver. Qu'est-ce qu'il y a donc au Mexique que vous n'avez pas là-bas ?

Pour Artaud, le projet des Lumières, remodeler le monde selon les principes de la rationalité, a signifié, pour l'Europe, avoir à dompter les pulsions irrationnelles, la part sauvage de l'homme qui était son point de contact avec les forces vives de la nature. Et c'est ainsi que nous nous sommes éloignés chaque fois un peu plus de la vérité, des possibilités de vivre de manière authentique sur terre, c'est-à-dire dans une union véritable entre le corps et l'esprit. Il ne s'agit pas seulement de corps ou d'esprit individuels, mais du corps collectif, de l'esprit du monde. La « civilisation » n'est autre chose qu'un long cheminement vers la dissociation. Il n'a de cesse d'insister sur le dévoiement de la notion de culture, *effusion raffinée de la vie dans l'organisme en éveil de l'homme.* En relisant aujourd'hui ses textes, écrits il y a presque un siècle, on peut trouver des significations nouvelles et divinatoires capables de mettre en lumière certains aspects des dilemmes qui hantent notre monde contemporain. La crise climatique, fruit de la course menée par les pays développés pour dominer la nature, tirer profit de tout, de l'eau jusqu'aux richesses du sous-sol, du travail de la main jusqu'à celui de l'inconscient, est la forme ultime de dissociation : nous sommes en train de réduire à néant ce qui permet notre vie sur terre. Notre science, notre raison, atteignent des niveaux de sophistication aussi élevés qu'ils sont absurdes. Au lieu de nous sauver, elles nous enfoncent chaque jour un peu plus. Était-ce de cela qu'Artaud voulait nous avertir ? Il ne pouvait sans doute pas avoir une vision exacte de ce qui allait nous arriver, mais il pouvait sentir dans sa chair les effets destructeurs du système de domination mis en place par les États occidentaux. Il se sentait limité, émasculé, contrôlé par des puissances extérieures. Et cette prémonition finira par se réaliser sous la forme terrible de l'enfermement. Après le voyage au Mexique, de retour en Europe, il est interné dans un asile psychiatrique où il restera neuf ans, étape finale de l'« expropriation du corps » de laquelle il disait être victime depuis son enfance.

Mais n'allons pas trop vite. J'aimerais revenir sur le voyage. Pour retracer le parcours d'Artaud au Mexique, il faut d'abord essayer d'imaginer le désir qui a été l'impulsion pour entreprendre une telle odyssée. En 1936, Artaud avait quarante ans, il était héroïnomane, dépendant du laudanum, de l'opium, seules drogues capables d'atténuer son mal intérieur, il était physiquement fragile, dans un état de grand épuisement, sans ressources et sans autre recours pour gagner sa vie que quelques publications et des aides sporadiques de ses amis intellectuels et de quelques institutions artistiques. Cardoza y Aragón, dont le témoignage est précieux car il est à peu près le seul à s'être conservé du séjour du poète au Mexique, décrit ainsi les relations d'Artaud avec les organismes culturels mexicains :

Comment oublier Antonin Artaud? [...] Le Département d'Action Sociale de l'Université Nationale Autonome du Mexique a financé trois conférences du poète. À chacune d'entre elles, il est allé plus loin que dans les textes que nous connaissons. Il les a prononcées les 26, 27 et 29 février 1936, dans l'Amphithéâtre Bolívar de l'École Nationale Préparatoire. L'Alliance Française a accueilli la lecture du « Théâtre de l'Après-guerre » du 18 mars 1936, présidée par l'Ambassadeur Henri Goiran qui passe un mauvais moment auprès de cet homme vociférant qui balayait tout ce que lui-même représentait. Les journaux, qui rendirent un peu compte de ces apparitions, s'étonnèrent de certains de ses gestes et attitudes. Comment accueillir un tel démon ? À la deuxième conférence, des trente auditeurs qui assistèrent à la première, il n'en restait que huit. Nous étions cinq à la troisième, parmi lesquels j'étais le seul à comprendre le français. Ce fut la conférence la plus brillante de toutes.

En d'autres termes, Artaud prêchait dans le désert. Il aurait peut-être préféré le vrai désert à un amphithéâtre vide, un paysage plus à même de refléter l'étrange ambition de cet homme seul haranguant des spectres, à qui il arrivait de se prendre pour un Christ persécuté. Je l'imagine dans cette gigantesque salle du centre-ville de Mexico, ornée d'immenses colonnes de style néocolonial et aux murs couverts des images puissantes de *La Création*, la première fresque de Diego Rivera, une ode au métissage du peuple mexicain, mêlant les forces de la nature aux corps glorieux des hommes, inaugurée une quinzaine d'années auparavant, devant un parterre de quatre cent cinquante sièges vides, s'adresser en français à un auditoire imaginaire, lançant ses mots vers le ciel comme des comètes, comme des flèches enflammées, gesticulant, en transe. Il crie, au milieu de cette salle dédiée au progrès du peuple révolutionnaire par la culture et l'éducation, que pour revenir au savoir authentique il faudrait fermer les écoles, brûler les bibliothèques et les musées. Et après, une fois la conférence terminée, redescendre dans son corps, reprendre sa respiration, regarder autour de lui, tendre la main à l'ambassadeur embarrassé. Il y avait de quoi se décourager. Il avait dû déployer une énergie inimaginable pour que ce voyage ait lieu. Il fallait le vouloir pour s'engager dans cette longue et éprouvante traversée en bateau, chercher des lieux où s'exprimer, sans parler espagnol ; et même parmi les francophones, parmi ses alliés, personne ne comprenait tout à fait ses paraboles furieuses, ni son obstination à vouloir aller explorer le nord du pays. Qu'était-il donc venu chercher au Mexique ?

Il cherchait à entrer en contact avec des puissances telluriques qui avaient déserté le reste du monde : *oui je crois à une force qui dort dans la terre du Mexique et c'est pour moi l'unique lieu au monde où dorment des forces naturelles qui puissent servir aux vivants* (Conférence à l'Université de Mexico, 1936). Cette force, Artaud l'a parfois nommée poésie métaphysique, il a parfois aussi, tout comme Benjamin Péret, utilisé le terme de magie, ce qui, dans cette perspective-là, revient au même, la poésie étant *la force magique interne qui fournit un chemin à la vie, et permet d'agir sur la vie*. Il cherchait à conjuguer les forces – force créatrice et destructrice de la nature, force vive oubliée par l'humain mais toujours présente en lui, élan vital de la science, de la poésie, de la politique, de la médecine – afin d'en finir avec la terrible dissociation qui avait conduit l'Occident à sa perte. Il pensait que cette force se manifestait dans les rites des peuples originaires. Artaud est à la recherche des *survivances de la médecine empirique des Mayas et des Toltèques, la véritable poétique mexicaine qui ne se réduit pas uniquement à écrire des poèmes, mais affirme les relations du rythme poétique avec le souffle de l'homme et, par l'intermédiaire du souffle, avec les purs mouvements de l'espace, de l'eau, de l'air, de la lumière, du vent* (El Nacional, 1936). Ce qu'il cherche est de l'ordre de l'art mais il ne montre aucun intérêt pour le milieu littéraire et artistique de la capitale, pourtant en pleine effervescence en ces années postrévolutionnaires où les artistes explorent des visions possibles du monde à venir. C'est peut-être pour cette raison que le cercle des intellectuels l'ignore en retour. Ce qu'il veut est partir pour la Sierra Tarahumara, rencontrer des chamanes, manger du peyote.

Personne ne connaît les circonstances exactes de ce voyage. Certains disent qu'il est même possible qu'Artaud ne soit jamais parvenu au bout de son périple en ces terres lointaines. S'il y est arrivé, cela n'a pu être que par la conjonction d'une force de volonté exceptionnelle (ce dont on ne doute pas) et de hasards miraculeux. Il était affaibli, malade, en état de manque ou de désintoxication. Les moyens de transport qui conduisaient jusqu'au Chihuahua à l'époque étaient rudimentaires, dangereux, inconfortables, surtout une fois qu'on était arrivé au bout des deux mille kilomètres de la ligne de chemin de fer, et qu'il manquait encore des heures de marche pour arriver à Norogachi. Et tout cela sans pouvoir communiquer dans une langue commune avec les gens qu'il rencontrait. Certains pensent que le livre qui raconte ce voyage n'est pas un témoignage fiable et qu'il retrace une aventure qui aurait eu lieu dans l'esprit d'Artaud, un voyage imaginaire élaboré à partir du mélange entre l'expérience vécue et des écrits d'ethnologues lus avant de partir au Mexique. Et ils ajoutent, ceux qui doutent, que ce voyage n'a pas besoin d'être complètement réel, que pour la littérature cela n'a pas d'importance qu'il soit allé jusqu'au bout ou pas. Car l'expérience intérieure est aussi valable que toute autre. Le Clézio écrit ainsi que *le problème de l'authenticité de l'expérience d'Artaud n'a pas de sens. Pour lui, décrire le rite du peyotl, c'est rendre compte d'un enchantement, d'un envoûtement qui l'a transformé complètement, qui l'a rendu autre* (Antonin Artaud ou le rêve mexicain, 1979). Pour les autres, ceux qui ne doutent pas, cette posture revient à sous-estimer Artaud encore une fois, répéter le rejet qu'il a dû affronter toute sa vie durant, alors que la seule façon de ne pas l'enfermer de nouveau à l'asile serait de le croire.

Bien sûr que ce n'est pas la même chose qu'il y soit allé ou pas, que ça ne revient pas au même. Ça change tout, absolument tout. Et c'est pour ça que chacun s'accroche à sa version, de toutes ses forces, car le monde qui serait révélé par la possibilité de l'autre version lui est insupportable.

Il n'existe pas de preuves suffisantes dans les documents d'archives pour prouver l'une ou l'autre des hypothèses. Il existe bien une lettre envoyée depuis la ville de Chihuahua à José Gorostiza, poète mexicain qui travaillait au ministère des Relations extérieures, dans laquelle Artaud demande de l'aide pour convaincre un éditeur de lui envoyer des sous, mais aucune trace ne subsiste du reste du voyage dans les montagnes. Cela, bien sûr, ne prouve rien. J'y suis allée moi aussi, au pays des Tarahumaras, j'y ai vécu d'étranges aventures, et dans dix ans, vingt ans, il n'y aura plus aucune preuve matérielle pour attester cela. Personne ne se souviendra de mon passage dans la sierra. Il n'y aura aucun autre vestige de ce voyage que les mots inscrits ici. D'accord, je ne suis pas Antonin Artaud. Mais en 1936 Artaud n'était pas encore Artaud non plus.

(Gorostiza était peut-être en train d'écrire *Muerte sin fin*, qui serait publié en 1939, long poème hermétique et puissant, qui allait devenir un texte essentiel pour la poésie en langue espagnole, où on trouve ce vers qui tourne dans ma tête depuis des années comme une espèce de tornade dont on ne sait si elle va du sol à son entonnoir de ciel ou l'inverse : *intelligence, solitude en flammes, qui peut tout concevoir mais ne peut rien créer*, une définition possible de la littérature, une définition par la limite, par le réel, là où elle ne peut pas aller.)

Nombreuses et nombreux sont celles et ceux qui ont cherché Artaud, dans les archives littéraires, les correspondances, les données officielles, et parfois jusque sur les chemins de terre de la sierra, débusquant des témoins parmi les vieux paysans du Chihuahua, ou des gens à qui leurs ancêtres auraient raconté quelque chose de lui, du passage de cet Européen d'une maigreur extrême, vêtu de noir, délirant peut-être, interrogeant des paysans d'aujourd'hui pour voir s'ils imaginaient que c'était possible d'arriver à dos de cheval depuis Creel jusqu'à Norogachi et de trouver là un groupe de *Rarámuri* qui auraient organisé pour lui une cérémonie du peyote à une période de l'année où ces cérémonies n'ont généralement pas lieu. Quelques-uns ont même refait le voyage complet, et ont ajouté leur vision romantique à la création du mythe. Même s'il y a quelque chose de vain et de désespéré, de ridicule peut-être dans cette démarche idolâtre, il est difficile de les blâmer, car la mythification s'est faite de tout temps, et ce qu'ils ont construit nourrit notre pensée, notre imagination, notre désir. Nous avons besoin de ces pèlerinages, de ces mythologies, de ces héros ou antihéros. Retracer le parcours d'Artaud, c'est chercher un monde double, c'est partir en quête de ce qu'il a vu et de ce que personne n'a vu.

Comment ne pas les comprendre, ceux que le mythe fait rêver? Moi aussi je crois parfois le voir, je le vois, comme si j'étais à ses côtés, pas à cheval, comme il l'a écrit dans le *Voyage au pays des Tarahumaras*, mais à dos d'âne, car cela est certainement plus approprié pour grimper les sentiers raides et caillouteux de la sierra, s'effondrant parfois, se relevant péniblement dans la lumière aveuglante du jour. Il ouvre les yeux, sort du cauchemar dans lequel il était perdu et entre dans un autre où il se trouve cette fois entouré de montagnes dont les formes tourmentées lui suggèrent des figures humaines, des animaux, des monstres. Le guide qui l'accompagne marche devant, tirant la bride de l'âne, en sandales de cuir ou pieds nus. Sans se presser. Il fait des pauses de temps en temps pour laisser à Artaud le loisir de vomir dans un buisson, il l'aide à remonter sur le dos de l'âne, il lui propose une calebasse remplie d'eau. Quand tombe la nuit, il fait un feu de camp près d'une rivière, étend des couvertures au sol et y installe son étrange touriste. Il essaie de lui donner à manger. L'autre refuse tout. L'Indien n'insiste pas. Il mâchonne un morceau de viande séchée, remet du bois dans le feu, s'étend sur le dos pour regarder un moment les étoiles avant de s'endormir, sans autre couverture que sa chemise, la tête appuyée à un tronc d'arbre. Il ne s'inquiète pas pour la santé de l'étranger. Il ne le connaît pas et l'homme a payé d'avance, insistant avec ses trois mots d'espagnol qu'on ne fasse pas cas de sa toux ni de ses vomissements et qu'on s'empresse de le conduire à la sierra auprès des chamanes qui pratiquent les rites magiques. « *Ciguri* », dit l'homme blanc, « *Tutuguri* », et toute sorte de borborygmes qui rappellent à l'Indien les sermons du curé jésuite qui officie dans son village. Le monsieur n'est pas mexicain, il n'est pas non plus de ces gringos chercheurs d'or qu'il a rencontrés quelquefois dans les lits des rivières. Il n'arrive pas à distinguer quelle langue il parle. Ça lui rappelle la langue de la Bible. C'est peut-être du latin, pense-t-il. Il l'observe tout le jour du coin de l'œil avec incrédulité mais accomplit sa mission. Pas seulement parce qu'on l'a payé pour le faire, mais aussi parce qu'on ne peut pas refuser un service à quelqu'un qui l'a demandé avec autant de détresse. Il l'emmène. S'il ne s'était agi que de lui, ils seraient arrivés en quelques heures, en passant par la partie la plus abrupte de la montagne, mais il s'est vite rendu compte qu'Artaud n'allait pas pouvoir marcher et que l'âne qu'il avait pris avec lui pour porter les vivres et la valise du monsieur allait devoir le porter lui. De temps en temps il se réveille et vérifie que son passager est toujours là. Il le regarde s'agiter dans son sommeil. Il jette un œil à l'animal dont il a attaché le licol à un arbre voisin et se rendort.

De la nuit que passe alors Artaud, des visions qui le tourmentent, personne ne sait et ne saura jamais rien, il ne pourra sans doute pas les récupérer lui-même, car les rêves provoqués par le retrait de l'opium sont les plus intenses de tous et, comme toute expérience trop intense, trop douloureuse, comme un traumatisme impossible à intégrer, le corps les efface, les annule, les envoie à l'abîme de l'Insupportable, à la vieille grotte pleine de spectres. À l'oubli.

Les Tarahumaras se racontent leurs rêves. Je me souviens de la question du montagnard qui nous avait accueillis chez lui, au matin. Vous avez rêvé de quoi? Et j'étais restée sans voix, toute à ma surprise de voir cet homme inconnu, doux et réservé, me poser de but en blanc une question que je considérais aussi intime.

Ils se réveillent à l'aurore et se mettent en route avant que le soleil ne soit trop haut. Les ombres se lèvent peu à peu dans le paysage hiératique de la plaine, comme des voiles obscurs tirés en arrière par des mains invisibles, et révèlent toute la splendeur de la configuration parfaite des montagnes blanches de la Sierra Madre. Il faut imaginer Artaud éveillé, après cette terrible nuit, pour un instant enfin lucide, avec la sensation de s'être sauvé, régénéré, plein d'optimisme, sous un ciel sans nuage, dans l'air frais de l'aube, pour un instant attentif à ce qui l'entoure, enfin distrait de son labyrinthe intérieur.

Casalini libri s.p.a.

Via Benedetto da Maiano, 3
50014 Fiesole (FI) - Italia
Tel. (++39-55) 5018.1
gen@casalini.it

Fax (++39-55) 5018.201 - N.Id. C.E.E. e Part. I.VA IT03106600483 - Cap. Soc. € 619.752
C.C.P. 11178522 - Reg. Trib. Firenze 32660 - Pos. Mec. FI043112 - C.C.I.A.A. Firenze 309587

Date / *Data*

CORE LEVEL CATALOGUING

Sinno, Neige
La Realidad. / Neige Sinno. - 260 p. ; 21 cm.. - (Fiction). - Paris 6e : P.O.L, 2025.

ISBN / ISSN	PRICE / *PREZZO*	DEWEY	LC	SUBJECT / *MATERIA*
9782818063132	20,00	843	PQ	Romance Lits./3

CARD No. / *N. SCHEDA*: 25114581
CUSTOMER / *CLIENTE*: ILD040F
YOUR REF.: / *VS. RIF.*: it 25114581
FRE2
9069275

Le pays des Tarahumaras est plein de signes, de formes, d'effigies naturelles qui ne semblent point nés du hasard, comme si les dieux, qu'on sent partout ici, avaient voulu signifier leurs pouvoirs dans ces étranges signatures où c'est la figure de l'homme qui est de toutes parts pourchassée. (La Montagne des signes, 1937.)

Ils avancent parmi des amoncellements de pierres sculptées par le temps, le vent, le soleil, comme par une main inspirée et capricieuse. Quand on quitte les vallées boisées, on atteint des lieux singuliers, étranges, avec des ciels immenses, peu de végétation car on est ici à plus de deux mille mètres d'altitude, des plateaux dénudés qui semblent inviter le sacré, l'extraordinaire, et qui contiennent une force évocatrice comme peu d'autres. Artaud a l'habitude de voir des signes, des énigmes, des messages occultes, et de les déchiffrer avec une méthode bien à lui, délirante, ésotérique, paranoïaque. Il a été visionnaire sur de nombreux plans. Il n'a cessé de nous avertir des dangers que nous faisions courir à notre propre espèce en tournant le dos à la nature – à l'environnement, au non-humain qui nous entoure, mais aussi à la nature profonde des choses, ce qui pour lui revenait au même, renvoyant aux racines de notre existence dans ce monde, l'union entre le corps et l'esprit sur une scène primordiale. Mais il a, en même temps, été profondément aveugle au monde qui l'entourait. Enfermé dans l'asile de sa prison mentale, il vivait en état de guerre permanente, sa propre guerre.

Il a été conspirationniste avant que le mot n'existe. Il dénonçait les mauvais sorts qui avaient été jetés contre lui, parlait de magie noire, convoquait des exorcismes : *Le reste est cette épine que j'ai au pied depuis ma vie entière, le monde qui n'est pas occulte mais qu'on a si bien occulté des envoûtements où la vie plonge, de cette immense organisation souterraine de manœuvres et d'actions qui sont un complot perpétuel contre la conscience de tous et dont personne ne dit jamais mot parce que cela est interdit* (Lettre à Maurice Saillet, 1947). Il percevait des forces mauvaises et vertigineuses dirigées contre lui, des persécutions ésotériques qui ont fini par vaincre sa volonté à son retour en Europe, dans un bateau qui se dirigeait vers l'Irlande. Peu de temps après, on l'a enfermé. Pour son propre bien, disaient les médecins, pour le sauver de lui-même. Dans la montagne des Tarahumaras, il était déjà persécuté, traqué par des forces obscures qu'il cherchait à tenir à distance. La cérémonie du peyote le conduit à un autre niveau de conscience, un autre niveau de vision, où lui seul peut encore comprendre ce qu'il a vu.

Et j'ai vu, sur les montagnes du Mexique, au-dessus de toutes les épreuves humaines luire les flammes d'un Grand Cœur Saignant. Pris, en montant, comme par le bras de la mer, je me suis vu rejeté hors du conforme inassuré des choses, et étalé tel que moi-même enfin, moi-même, dans la Vérité de l'Essentiel. (*Les Tarahumaras*, 1947.)

On pourrait dire qu'il arrive donc à sa réalité ultime, à sa vérité incompréhensible et nue. Et si on fait le choix de s'immerger là-dedans, de s'immerger vraiment, dans le dense, sous la surface, sans chercher à remonter pour reprendre son souffle, on peut comprendre les défenseurs d'Artaud qui disent que c'est un blasphème que de douter de l'existence concrète de ce voyage. Supposer que le voyage au pays des Tarahumaras puisse être un voyage imaginaire, destiné à divertir et instruire le public, revient pour eux à cracher sur la tombe du prophète Artaud. Cela reviendrait à lui attribuer un texte littéraire, dans le sens le plus obscène du mot, le plus obscène pour lui, une chimère inauthentique, un vil mensonge, une trahison de l'être. Quand il arrive au Mexique, cela fait plus de dix ans qu'Artaud hait la littérature et les littérateurs :

Toute l'écriture est de la cochonnerie.

Les gens qui sortent du vague pour essayer de préciser quoi que ce soit de ce qui se passe dans leur pensée, sont des cochons.

Toute la gent littéraire est cochonne, et spécialement celle de ce temps-ci.

> *Tous ceux qui ont des points de repère dans l'esprit, je veux dire d'un certain côté de la tête, sur des emplacements bien localisés de leur cerveau, tous ceux qui sont maîtres de leur langue, tous ceux pour qui les mots ont un sens, tous ceux pour qui il existe des altitudes dans l'âme, et des courants dans la pensée, ceux qui sont esprit de l'époque, et qui ont nommé ces courants de pensée, je pense à leurs besognes précises, et à ce grincement d'automate que rend à tous vents leur esprit,*
> *– sont des cochons.*
> *[...]*
> *Et je vous l'ai dit : pas d'œuvres, pas de langue, pas de parole, pas d'esprit, rien. Rien, sinon un beau Pèse-Nerfs.* (1925.)

C'est étrange pour moi de me voir écrire ce petit résumé du séjour d'Artaud au Mexique. J'ai longtemps cru que seuls les textes importaient. C'est la formation que j'ai reçue à l'université et cela est devenu mon intime conviction. J'ai été étudiante à une époque où il était beaucoup question de chercher l'essence de la littérature en elle-même, ou dans son rôle social, en tout cas le plus loin possible de l'auteur. Nous défendions la primauté de l'art sur la biographie et refusions que la critique littéraire se borne à faire le lien entre les moments marquants de l'œuvre et de la vie de celui ou celle qui l'avait conçue. Il y a toujours quelque chose d'obscène dans le biopic, de la cochonnerie dans le sens d'Artaud, une sorte de vampirisation de l'âme de celui à qui l'on croit rendre hommage alors qu'en réalité on ne fait que construire sa propre obsession. Même Cardoza y Aragón, qui est un des seuls à avoir laissé une trace du passage d'Artaud au Mexique, dit qu'il ne faut chercher la vérité de ce voyage que dans les livres. Artaud lui-même ne savait peut-être pas ce qu'il était venu faire au Mexique. On peut tout oublier des anecdotes de son passage dans ce pays, mais on ne peut pas lire Artaud *impunément*. On ne peut pas sortir indemne de cette lecture.

Comment faire abstraction de tout ce qu'on sait de lui? Comme dans le cas de Rimbaud, dont on ne peut concevoir l'écriture sans son abandon de la poésie et la vie errante qui s'ensuivit, son œuvre c'est aussi sa vie. Je ne suis pas sûre que ce soit toujours le cas pour un artiste, et je continue à croire que la lecture biographique est une interprétation trop restreinte, presque mesquine, car au lieu de connecter l'œuvre au vaste monde, elle la ramène au petit soi, au papa-maman, au laudanum, aux moignons, à la prison de l'identité. Cependant, c'est Artaud lui-même qui brouille les pistes, depuis qu'il a commencé à faire du théâtre et à écrire, sa quête a toujours pris la forme d'une recherche vitale, une recherche qui, justement, cherche à pulvériser les frontières qui permettent les distinctions. Il ne veut pas faire œuvre d'écriture. *Pas d'œuvres, pas de langue, pas de parole, pas d'esprit.* Il veut juste vivre. Il voudrait, simplement, désespérément, trouver de l'air pour arrêter d'être mort. Et je ne sais pas si son œuvre est encore lisible en dehors de l'épopée intime à travers laquelle on ne peut s'empêcher de la lire et qui nous la rend à la fois étrangère et précieuse. En dehors de la maladie mentale, du théâtre, des conflits avec les surréalistes, des excommunications, de l'enfermement, des électrochocs, de la mort à la clinique psychiatrique d'Ivry-sur-Seine à l'âge de cinquante-deux ans, et du voyage au pays des Tarahumaras.

Il est possible qu'il ne trouve au Mexique que ce qu'il pense y trouver, qu'il ait déjà eu une idée si nette de l'objet de son désir que cela l'aveugle sur tout le reste et l'empêche alors d'explorer certains aspects de la réalité. Il est possible que sa vision des peuples solaires ait été le résultat d'une projection de sa part, une projection qui résulte elle-même d'une perception et d'un découpage du monde issus de la colonisation, d'un eurocentrisme qui définit le reste de l'univers en fonction de lui-même. Il ne va pas à la rencontre de l'inconnu, il cherche l'altérité pour la faire sienne, pour la manger. Car il ne cherche l'autre qu'en tant que remède à ses démons et à son monde, en tant que portrait inversé. Et il ne trouvera que cela, son fantôme, son double.

(Artaud est arrivé au moins jusqu'à la ville de Chihuahua. Il a envoyé depuis cette ville la fameuse lettre à Gorostiza pour lui demander d'être son intercesseur auprès d'un éditeur. Est-ce qu'il a continué jusqu'aux montagnes ? C'est possible. Tout comme il est possible qu'il n'y soit pas arrivé. Même si ça m'énerve, cette histoire, si je préférerais qu'il y soit allé et qu'on arrête là les spéculations, c'est ça la vérité : on ne saura jamais. J'ai demandé leur avis à des anthropologues spécialistes de la région et ils n'ont pas d'avis. Comme souvent chez les anthropologues, ce sont les Indiens qui les intéressent, pas les Européens, et je n'ai pas réussi à réveiller leur enthousiasme avec cette histoire du Mômo dans les canyons du Chihuahua. Pendant les premières années où je vivais au Mexique, une artiste française a fait un voyage sur les traces d'Artaud, pas dans le but de vérifier quoi que ce soit, plutôt comme une exploration à la fois ludique et ésotérique. Nous ne nous sommes pas rencontrées à l'époque, mais maintenant on se connaît, je pourrais lui demander ce qu'elle pensait trouver exactement en allant sur ces lieux, car évidemment elle savait qu'elle n'irait pas là où Artaud était allé simplement en refaisant sa route. Elle est un peu cinglée, mais pas du tout comme Artaud, elle est cinglée à sa manière propre et unique, comme personne d'autre que je connaisse. Une idée lui passe par la tête, comme ça nous arrive tout le temps, mais elle, au lieu de laisser passer, elle attrape cette idée, et elle la suit, elle la poursuit jusqu'au bout, jusqu'à ce que l'idée n'ait plus nulle part où aller et qu'elle livre enfin ce qu'elle a dans le ventre, ou pas, auquel cas elle file attraper une autre idée. Elle s'appelle Nelly Maurel. Et elle a donc refait le voyage, à Cuba, au Mexique, et après en Irlande, tout cet étrange périple, à la recherche de fétiches ou d'objets mystiques qu'Artaud raconte avoir trouvés au cours de sa vie, une épée et une canne qui ont fait naître toute sorte de fantasmes chez les exégètes. Elle a croisé sur sa route d'inquiétantes coïncidences, des gens bons, des gens malveillants, des gens fascinants, d'autres simplement bizarres, des histoires de plus en plus invérifiables, des questions profondes comme des puits sans fond. Inspirée par ce qu'elle a découvert, elle a finalement créé des objets artistiques formant un ensemble qu'elle a intitulé « Ta race ou ma race ». À elle aussi, je demande si elle pense qu'il y est allé ou pas. Elle a eu beau chercher, elle me dit qu'elle ne sait toujours pas.)

Je voudrais accompagner Artaud encore un peu. Je voudrais pouvoir retracer son sillage, sa traversée physique et mentale, jusqu'à un certain point, car dans ce genre de voyage, on ne peut aller que jusqu'à un certain point avant de se perdre, avant de tomber dans la folie nous aussi. Artaud me fait penser à ces vaticinateurs des rues des grandes villes qui s'accrochent à vous quand ils se rendent compte qu'il y a en vous une ouverture, une brèche, une faille dans la carapace de protection, une blessure peut-être, qui leur permet d'entrer, et qui finissent invariablement par chercher à vous envahir, vous menacer, vous dévorer. Ils ne vous laissent pas respirer, vous assaillent avec leurs thèmes, leurs délires de persécution, entrecoupés parfois par quelques vers sublimes ou une idée géniale, et ils pompent votre énergie, vous attirent à eux, vous humilient en vous incluant dans le cercle de ceux qui ne les comprennent pas, qui les rejettent, ne reconnaissent pas leur génie. Et on sait qu'ils ont raison, sur un certain plan, que le monde dans lequel nous vivons est un mensonge, une voie sans issue. On sait que ce monde court à sa perte, que nous détruisons la planète et enfermons entre quatre murs des gens qui ne le méritent pas et laissons des irresponsables nous gouverner, qu'on nous surveille, qu'on nous manipule, que notre connaissance n'est fondée que sur des informations de seconde main, toujours biaisées par la mainmise du plus puissant. On nous a fait croire que Christophe Colomb était le premier étranger à arriver en Amérique, on enseigne dans les écoles du monde la « découverte » de l'Amérique en 1492, un continent peuplé depuis des millénaires, quelle horrible blague, il est d'ailleurs fort probable que nombre de navigateurs asiatiques aient ouvert cette route bien avant lui. De tout temps, on nous a fait gober des mensonges, avaler des couleuvres, parce que ça arrangeait quelqu'un de plus fort que nous. Il est possible qu'à chaque instant, dans des lieux secrets et ténébreux, des plans machiavéliques soient mis en place pour nous dominer, des sorts soient jetés, des complots ourdis. Les prophètes autoproclamés ont peut-être raison mais si on leur donne raison, ils nous font plonger avec eux dans leur marécage, et de ce lieu on ne peut pas sortir vivant. C'est pourquoi il me faut fuir. Je me suis souvent dérobée à l'emprise de ces gens, avec une sensation de soulagement et de culpabilité à la fois. Je les abandonne sur leur chemin, et cependant je sais que j'ai besoin d'eux, que nous avons besoin qu'ils existent car notre monde est insoutenable et il faut que quelqu'un le démontre, et pourquoi pas, le hurle sur la place publique, monté sur une caisse, en gesticulant. C'est ce que je ressens avec Artaud. Un mélange de fascination, de compassion et de rejet (et tout cela, bien sûr, me fait honte). Mais je ne suis jamais complètement sûre que ses délires de persécution soient de simples délires. Parfois je pense qu'il faudrait le prendre au sérieux, et croire qu'il fut vraiment harcelé, envoûté, maudit, et qu'il continue à l'être après sa mort, d'une certaine façon, par celles et ceux qui font que ses paroles ne puissent pas être entendues. Et s'il avait vraiment été capable de percevoir ce que nous ne pouvons percevoir ? Et s'il avait finalement raison ?

J'ai croisé d'autres gens qui disaient pouvoir aller là où je ne peux pas aller, et qui ramènent de ces voyages un savoir que je ne sais pas entendre. Qui n'a pas connu au moins un de ces êtres fascinants qui parlent de la drogue comme d'un portail ouvrant sur un autre monde ? Un monde supérieur, au-delà de nos préoccupations et perceptions terre à terre, de nos quêtes minuscules et bornées, et qui vous racontent, à travers des images poétiques et des récits fabuleux, comment ils arrivent à des cimes spirituelles grâce à l'intercession de substances qui sont leurs guides, leurs amies, et qu'ils savent respecter et honorer. Avec le peyote la conscience *sait ce qui est bon pour elle et ce qui ne lui vaut rien : et donc les pensées et les sentiments qu'elle peut accueillir sans danger et* avec profit *et ceux qui sont néfastes pour l'exercice de sa liberté. – Elle sait surtout jusqu'où va son être, et jusqu'où il n'est pas encore allé OU N'A PAS*

LE DROIT D'ALLER SANS SOMBRER DANS L'IRRÉALITÉ, L'ILLUSOIRE, LE NON-FAIT, LE NON-PRÉPARÉ.
Prendre ses rêves pour des réalités voilà ce dans quoi le Peyotl ne nous laissera jamais sombrer. Ou confondre des perceptions empruntées aux bas-fonds fuyants, incultes, pas encore mûrs, pas encore levés de l'inconscient hallucinatoire avec les images, les émotions du vrai. (Les Tarahumaras, 1947.)

On m'a dit aussi que certaines substances permettent de trouver le chemin quand on se sent perdu, qu'elles aident à se connaître réellement, derrière les apparences, derrière les déguisements que nous utilisons par peur de nous voir tels que nous sommes, qu'elles libèrent l'être véritable. « Détends-toi Netcha. L'esprit du champi va te guider. Le petit grand-père de la sagesse va te guider. La terre mère. La Pachamama. » Et moi j'y vais toujours de bonne foi. Le cœur ouvert. Parce que je sais que si je commence à douter ça ne va pas fonctionner. J'ai ressenti de l'envie face à ceux qui parviennent à faire un voyage intérieur, alors que je reste coincée en bas, dans la perplexité, dans l'absurde ou le rire bête. J'ai fumé, j'ai mastiqué et avalé des plantes, des pastilles, des poudres et des champignons, je me suis concentrée, j'ai respiré comme ci et comme ça, dans l'espoir de trouver un peu d'au-delà. J'ai essayé d'ouvrir ma perception et je me suis sentie humiliée de ne pas y parvenir, comme si je n'étais pas digne d'être illuminée. Ensuite, quand il devient manifeste que vous n'êtes pas douée pour le voyage astral, les amis qui vous ont entraînée là s'éloignent un peu de vous, ou on s'éloigne un peu d'eux, et on commence à les voir avec un peu de distance, et on entend quelqu'un d'autre parler d'eux et dire que ce sont de pauvres drogués, des âmes perdues dans le labyrinthe de leurs illusions, qu'ils font de la peine, qu'on aimerait les aider mais qu'on ne sait pas trop comment, car ils n'écoutent personne, ils ne voient que ce qu'ils veulent voir, sourds aux avertissements et aux conseils. Et, oui, ils sont sans doute cela aussi. Ils sont l'un et l'autre, des pauvres diables, et des oracles qui voient au-delà des apparences.

On pourrait croire à travers ces lignes que j'ai une petite dent contre Artaud. Pourtant ce n'est pas cela. J'essaie simplement de me prémunir contre une tendance irrépressible à idéaliser la folie des autres et à n'en voir que l'envers charismatique. Mon père, que j'ai tant aimé, était fou lui aussi.

Artaud était un énergumène insupportable, d'un narcissisme maladif, un esprit qui cherchait un public ingénu à contrôler avec ses prophéties, un gourou en puissance. Il avait des petites amies, toutes très jeunes, qui étaient fascinées par le poète. Il les appelait « mes filles », et elles étaient ses héritières spirituelles, seulement elles, les élues. Il leur a donné la responsabilité de divulguer son œuvre. Paule Thévenin a consacré quarante ans de sa vie à transcrire les cahiers d'Artaud. Sans elle, une grande partie de l'œuvre n'existerait sans doute pas. Il lui a fallu apprendre à déchiffrer ses gribouillis manuscrits pour pouvoir taper tout ça à la machine, jour après jour, page raturée après page raturée. Elle a fait ça par choix, volontairement, c'est ce qu'elle a toujours dit. Mais n'est-ce pas ce que disent toujours les victimes dans les relations de subjugation ? Elle a passé une grande partie de sa vie à disparaître pour que puisse apparaître le génie du grand homme, du Poète. Et cela en valait la peine. Elle n'a jamais regretté. Faire naître l'œuvre d'Artaud, la mettre au monde, a donné sens à sa vie. Elles disent toujours ça, les proies des grands manipulateurs, qu'elles l'ont fait par volonté propre, que personne ne les y a obligées. Et c'est peut-être vrai.

Peut-être qu'il faut prendre ses mots au pied de la lettre. Elle l'a fait parce qu'elle l'a voulu et aussi parce que cela a été la dernière volonté d'Artaud. Et qui peut prétendre être capable de distinguer, au bout du compte, ce qui vaut réellement la peine et ce qui ne la vaut pas ? Je ne donnerais pas ma vie, même si c'était pour mettre au jour l'œuvre de Shakespeare, mais il me faut bien reconnaître que ce que nous a légué Artaud est incalculable. Une œuvre qui ne s'éteint jamais tout à fait, qui renaît de ses cendres, avec sa manière particulière de brûler, son indomptable énergie, sa force de subversion.

Première approche des Indiens (idées préconçues)

La culture c'est une effusion raffinée de la vie dans l'organisme en éveil de l'homme. Et la vie, personne n'a jamais pu dire ce que c'est. Ainsi donc, affirmer la floraison dans l'homme d'un esprit éternel de culture revient à affirmer l'ignorance de l'homme devant les sources de sa vie vraie. [...] l'ignorance, mais une ignorance consciente, est le ciment même de la vérité. [...] En même temps que la révolution sociale et économique indispensable, nous attendons tous une révolution de la conscience qui nous permettra de guérir la vie. (*El Nacional*, 1936.)

Artaud écrit cela longtemps avant que de jeunes gens fiévreux arrivent depuis le nord dans les déserts et les montagnes de la Sierra Madre occidentale en quête de sagesse ancestrale, de connexion avec la terre, d'expériences hallucinogènes. Il écrit cela dans une perspective certainement plus radicale encore que celle des hippies occidentaux des années 1970 inspirés par Castaneda, autre écrivain de l'initiation qui part en quête des sorciers indiens. *Guérir la vie.* Qu'est-ce que cela peut bien vouloir dire ? Peut-être que la vie est malade, que notre façon d'être au monde doit être soignée. Il s'agit d'un souhait mystique, personnel, nourri de vieilles obsessions mais aussi d'un projet politique nouveau, une interprétation radicale de l'idée de révolution. Artaud ne parle pas simplement d'une guérison individuelle, celle qu'il cherche en voulant sortir de l'addiction et de la souffrance intérieure. Il parle de guérir notre conception de la vie, guérir le temps dont nous disposons pour le passer ici en mettant en pratique des manières d'être qui changeraient véritablement la donne.

« *Tlazocamati Ometeotl,* à toutes mes relations », disent les hippies avant d'entrer dans un *temazcal.* J'imagine que cela signifie à peu près ceci : je te remercie (*Tlazocamati*), dieu de la dualité de toute chose (*Ometeotl*), j'entre ici pour chercher à guérir toutes mes relations, pour rendre plus saine, plus pure, la façon dont je me mets en lien avec les gens, avec les organismes vivants et inanimés, avec les choses, les systèmes, les idées, les miennes et celles des autres, avec ceux qui m'entourent et avec moi-même. *Guérir la vie*. Traduit dans un vocabulaire païen, cela revient quand même à chercher une façon d'habiter le monde qui ne mettrait pas l'homme au centre de l'univers, dominant tout le reste, mais au cœur d'une complexité constellaire où tout est question d'interactions, de mouvement, de rapports de vitesse et de lenteur plutôt que de rapports de pouvoir. Il s'agit d'un désir qu'on peut comprendre aujourd'hui avec une clarté si grande qu'on a du mal à croire qu'il n'ait rencontré aucun écho quand Artaud l'a exprimé pour la première fois. Mais, à Mexico, au moment où il a donné ses conférences, la tendance était à l'opposé.

La politique indigéniste de Lázaro Cárdenas, qui fut président du Mexique entre 1934 et 1940, n'était pas un projet de retour à la terre ou aux racines originaires, mais un projet de « mexicaniser » les Indiens. Il s'agissait d'homogénéiser le territoire couvert par l'État mexicain et d'y intégrer les Indiens, les non-métis, afin qu'ils puissent faire partie du grand projet de nation. En d'autres termes, loin de dessiner un mouvement allant vers les peuples indiens afin d'apprendre quelque chose d'eux ou de leur restituer une place juste – révolutionner le programme révolutionnaire comme le préconisait Artaud –, l'idée centrale était plutôt de mettre en place les conditions favorables pour que tous les peuples du Mexique s'intègrent à un projet qui s'était fait depuis le début sans eux. Un projet qui se proposait de détruire leurs langues, leurs institutions, leurs coutumes, leurs terres (pour leur offrir quelque chose de meilleur, évidemment, quelque chose qui vaille la peine, qui justifie la perte de siècles de culture, de connaissances, de formes d'organisation collective).

Il est intéressant de faire le lien entre ce que disait Artaud à l'époque et ce qu'expriment aujourd'hui certains essayistes amérindiens qui analysent l'histoire et le discours officiel qui ont construit l'image et la place des peuples autochtones dans les nations modernes. J'ai d'abord lu les textes de Yásnaya Elena Aguilar Gil, penseuse et linguiste ayuujk (ou mixe) originaire de la région de Oaxaca, par intérêt pour les questions de traduction et de langue qu'elle aborde. Mais comme elle le démontre de manière implacable, les questions de langue, de définitions, de noms, sont aussi des questions politiques. Aguilar Gil montre par exemple que c'est justement à l'époque postrévolutionnaire de Cárdenas que se consolident le concept et le terme d'*indígena*, depuis le dehors, et qu'ils deviennent des assignations pour une grande quantité de groupes humains qui ne se percevaient eux-mêmes ni comme des indigènes, ni comme des Indiens. *Indígena*, dans le projet cardéniste, désigne celui qui n'est pas encore métis, c'est-à-dire qu'il reflète une identité qui, idéalement, est vouée à disparaître, le jour où tous les habitants du pays se considéreront mexicains avant tout, qu'ils honoreront leur drapeau, chanteront leur hymne national, se reconnaîtront dans ses symboles et percevront comme juste et normal que l'État puisse administrer la terre et le territoire (et permettre leur exploitation). Pour les peuples originaires, le terme n'existe donc que par rapport à un pouvoir qui exerce sur eux une discrimination.

Cependant, étymologiquement, *indígena* signifie autochtone, aborigène, et renvoie à un sens beaucoup plus clair que celui du mot *indio*.

Contrairement à ce que croient beaucoup de gens, les syllabes initiales indi- des mots « indien » et « indigène » n'ont aucun rapport étymologique. Loin de l'origine aquatique d'« indien », le mot « indigène » vient du latin et servait à désigner la relation à un lieu de naissance : indi- (de là) et gen- (né), son sens étymologique serait « né là » ou « originaire ». Dans ses usages les plus anciens repérables en espagnol, le mot « indígena » apparaît dans un sens strictement étymologique. « Indigène » désignait alors toute personne « née-là » ; le caractère déictique du « là » permettait qu'« indigène » acquière un sens qui dépendait du lieu auquel on se référait. Comment se fait-il que des mots si différents, indien et indigène, aient fini par nommer apparemment la même catégorie bien des siècles plus tard ? Comment se fait-il qu'ils aient acquis leur signification actuelle ? (*Nous sans l'État*, 2022.)

En ce qui concerne le mot *indio*, il dérive du nom d'une rivière qui sépare deux provinces dans une région du nord de l'Inde.

Le nom d'un fleuve qui naît sur le plateau tibétain, passe par l'Inde et traverse le Pakistan raconte une histoire troublante. Son nom, « Indo » en espagnol (Indus en français), vient d'une langue ancienne réservée aux métiers et aux écritures sacrées de l'indouisme. Du sanskrit « Sindhu », le mot est devenu en persan « Hindush », en grec « Indos », puis en latin « Indus » et enfin est passé à l'espagnol sous la forme « Indo ». Du nom de ce fleuve dérive aussi celui de la région que nous connaissons comme l'Inde, et, plus tard, du fait d'une histoire de confusions géographiques trop bien connue, l'appellation « indio » a fini par être utilisée pour désigner les membres d'un ensemble de peuples qui habitaient le continent américain à l'arrivée des colonisateurs européens. (*Id.*)

En arrivant au Mexique, je me suis rendu compte que le mot *indio* était péjoratif et méprisant ; au contraire le mot *indígena* s'utilise couramment pour désigner des personnes ou des aspects de la culture, est perçu de manière plus positive. Ça m'a surprise que ce soit l'inverse de ce qui se passe en français. Dans notre langue, indigène, transcription exacte d'*indígena*, se référant à la même étymologie, c'est-à-dire « originaire d'un lieu », est pourtant marqué historiquement par son usage dans le contexte colonial, pour nommer les populations soumises par le colon. Il fait venir à l'esprit des associations immédiates avec la colonisation des Français en Afrique et en Asie, des moustachus habillés de lin portant des casques beiges, l'exploitation des peuples dominés, le regard anthropologique folklorisant qui est né de cette relation d'oppression et la culpabilité résultant d'un tel héritage. En français il me semblait plus respectueux de dire Indien, mais il faut bien se rendre à l'évidence que cette forme de respect est une forme ignorante et que le mot que l'on choisit pour désigner une personne, un peuple, indique de quelle perspective on parle et que, en plus de qualifier cette personne, il nous qualifie aussi à travers la relation dans laquelle on s'inscrit en l'employant.

Cela dit, comme le démontre Yásnaya Elena Aguilar Gil, indigène ne fonctionne pas vraiment non plus. Il est problématique de désigner les peuples autochtones (originaires ? premiers ? natifs ?) par un terme qui les exclut et dans lequel ils ne se reconnaissent pas.

J'ai grandi dans une communauté entourée d'autres peuples mixes et zapotèques. Durant mon enfance, j'ai passé la plupart de mon temps à parler une langue dans laquelle il n'y avait pas d'équivalent au mot « indigène ». La langue mixe divise le monde en deux catégories : les ayuujk jä'äy (Mixes) et les akäts (les non-Mixes). Que l'on soit né à Mexico ou Zapotèque de la vallée d'Oaxaca, on vous nommera en mixe akäts et vous serez un akäts. La conscience d'être indigène est apparue chez moi lorsque je suis arrivée en ville; j'ai alors appris ce que j'étais et j'ai réalisé ce que cela impliquait. La première fois que j'ai raconté à ma grand-mère (une personne monolingue mixe) qu'elle était, comme moi, indigène, elle a nié catégoriquement. Elle est mixe, pas indigène. Elle a été formelle. J'ai alors réalisé que, pendant longtemps, être indigène n'avait pas fait partie de mon identité et que cela ne ferait jamais partie de l'identité de ma grand-mère. (Id.)

Il faudrait toujours être conscient de la violence qui s'exerce au moment de nommer. Nommer l'autre c'est prendre une décision sur son identité, c'est imposer une vision, depuis soi, depuis ce que l'on considère comme un centre. Il est sans doute naturel de se considérer soi-même comme le centre du monde. De nombreux peuples sur terre se nomment eux-mêmes, dans leur propre langue, « les gens » et tout le reste des humains sont « les autres ». Les Tarahumaras d'ailleurs ne se nomment pas ainsi, ce sont les colons espagnols qui ont imposé cette appellation, sans doute une prononciation approximative du terme original. Dans leur langue, ils sont *Rarámuri* (qui veut dire « les gens ») en opposition à *mestizos* ou *chabochi* (« ceux qui ont de la barbe »). *Rarámuri* signifie aussi « coureurs à pied », de *rara*, pied, et *muri* courir, ce qui fait que certains historiens, avec une bonne dose de licence poétique, traduisent cette appellation par l'expression « les coureurs aux pieds légers ». C'est un peuple de montagnards, de marcheurs, de gens qui cheminent. D'ailleurs il est toujours question de chemins dans leur vision du monde, chemins du corps et de l'âme, du dedans et du dehors, de l'éveil et du rêve. Encore aujourd'hui, de nombreuses personnes de ce peuple courent des distances impressionnantes dans les reliefs accidentés des montagnes pour aller d'un village à l'autre et des compétitions festives sont organisées chaque année dans les vallées, ce qui signifie sans doute que cette caractéristique a plus d'importance pour eux, tout comme les danses rituelles que tous pratiquent, que la question du peyote à laquelle un imaginaire occidental les a beaucoup associés, et qui est pourtant bien moins présent dans leur cosmovision que dans celle des Huichols – Wixáricas – par exemple, le peyote ayant pour les Tarahumaras un usage curatif principalement.

Au Mexique il existe aujourd'hui une soixantaine de peuples autochtones, autant de langues, de cultures et de cosmovisions distinctes, autant de mondes. Dire qu'ils sont tous indigènes revient à dire avant tout que leur point commun est qu'ils ne sont pas métis, pas complètement mexicains. Le multiculturalisme prôné par l'État n'est qu'une variante des anciennes politiques d'intégration puisqu'il reconnaît aux peuples le droit à une culture propre sans rendre possible une véritable autonomie.

    En nous-mêmes, nous ne nous appelons pas les Blancs. Ce pays dont je viens fait partie d'un monde que les Latino-Américains appellent le Premier Monde. En français, nous n'utilisons pas cette expression. Nous lui préférons ses euphémismes, pays développés, Occident. Nous préférons dire simplement la France, l'Europe. Pourtant il nous faut bien reconnaître que pour les autres nous sommes un monde qui a voulu s'imposer comme premier sur tout le reste de la planète, celui qui a développé des technologies, des stratégies, des armes, inventé des idéologies et des frontières pour rester en haut de sa colline et continuer à dominer.

    Nommer l'autre, rêver la culture de l'autre, c'est une violence que l'Occident exerce depuis des siècles, et c'est peut-être même constitutif de notre rapport au monde. Il y a une citation que j'aime bien, fragment d'un monologue intérieur d'un personnage alter ego de J. M. G. Le Clézio, qui a vécu longtemps au Mexique et dont la pensée a été marquée par la recherche d'une issue au solipsisme occidental à travers le contact d'autres cultures (je vais le mentionner brièvement et ce sera le dernier, je le promets, ou l'avant-dernier pour être exacte, le dernier quoi ? je ne sais pas très bien, le dernier de mes prédécesseurs sur ces terres, pourrait-on dire, sans préciser s'il s'agit de terres fermes ou d'espaces de l'esprit, ce qui, pour ce qui nous intéresse, revient à peu près au même). Il s'agit d'une diatribe intérieure d'un personnage inventé, Jeune Homme Hogan, J.H.H., qui veut être un voyageur sans être un oppresseur et qui se rend compte que c'est impossible, simplement parce qu'il est le produit d'une lignée qui le condamne d'avance :

Est-ce ma faute, si je suis de la race des voleurs ? Le blanc a toujours tout volé à tout le monde. [...] Quand il en a eu assez de voler des terres, et des esclaves, le blanc s'est mis à voler de la culture. [...]

Touristes, missionnaires, explorateurs, journalistes, prospecteurs, colons, conquérants, marins, chercheurs d'or, marchands d'exotisme, faiseurs de routes, aviateurs, gens bronzés, chasseurs de peaux, coureurs de pagodes et de musées, amateurs de diapositives, vous tous, mauvais philosophes de la relativité, apôtres bossus de l'universalisme, urbanistes rusés, économistes, indigénistes, messagers de paix et de civilisation comme on est vendeur de savonnettes, et vous, missions culturelles, ambassades, ligues franco-soudanaises ou argentino-khmères, instituts Gœthe & Cie, connaisseurs du monde, broussards, safaris, alpinistes, passionnés d'Indiens, enfiévrés de Pygmées, enragés de Maoris, et vous révolutionnaires d'opérette, socialistes enfermés dans les murs de vos manifestes, pilleurs d'épaves, et vous aussi, buveurs de peyotl, mâchonneurs de champignons hallucinogènes qui avez des mâchoires à faire des livres, drogués en maraude, accapareurs, possesseurs, hommes qui n'avez qu'un Dieu, et qu'une femme, nuages de sauterelles, troupe de rats ivres d'extraordinaire, JE VOUS HAIS. (*Le Livre des fuites*, 1969.)

J'aime bien cette liste. Je les vois parfaitement, les uns derrière les autres, sur un sentier pentu au bord d'un précipice, comme dans le film *Aguirre, la colère de Dieu* de Werner Herzog. Je les vois, tous ces barbus, les cheveux longs, blondins, rouquins, châtains, les yeux pleins de fièvre, la peau brûlée par un soleil rageur, convaincus de la pertinence de leur mission, de leur vision, trébuchant sur les pierres, attaqués par les insectes, par les maladies tropicales, qui font surgir à la lumière du jour la putréfaction qu'ils ont à l'intérieur. Et j'aime bien aussi que la montagne les dévore, que la malaria les tue, qu'ils se noient dans les rivières profondes, comme un juste châtiment à leur ambition démesurée, comme une réponse de la nature à leurs désirs voraces et à la folie de leur entreprise.

Pour Le Clézio, la seule issue, la seule solution pour ne pas être un de ces conquistadors ou une quelconque version moderne des colons d'antan, est de les rejeter de manière absolue, de changer d'identité, changer de monde, se changer en Indien.

Le monde gréco-romain, je ne suis plus son fils. Je ne peux plus être de sa race. Je ne sais plus rien de lui.
[...]
Il n'y a plus de surprise à attendre de la civilisation sans secret. La seule chose qui me reste à apprendre, c'est comment l'oublier. [...] J'ai quitté mon monde, et je n'en ai pas trouvé d'autre. C'est cela l'aventure tragique.

[...] Il n'y a pas de Malais, ni de Laotiens, ni de Chinois, ni de Maya Quichés, ni de Huichols. Il n'y a que l'homme blanc, partout, qui a revêtu des oripeaux exotiques pour mieux donner le change.

[...]
Un déplacement géographique, un petit glissement vers la droite, ou vers la gauche, à quoi bon ? Fuir, c'est-à-dire trahir ce qui vous a été donné, vomir ce qu'on a avalé au cours des siècles. Fuir : fuir la fuite même, nier jusqu'à l'ultime plaisir de la négation. Entrer en soi, se dissoudre, s'évaporer sous le feu de la conscience, se résoudre en cendres, vivement, sans répit.

Comment devenir indien ? Ce n'est pas le destin du protagoniste du *Livre des fuites* que je viens de citer, qui, on s'en doute bien, n'y arrivera pas, mais cela devient celui de l'auteur lui-même, comme il le raconte dans un essai publié en 1971, intitulé *Haï*, qui raconte un long séjour dans les forêts tropicales du Panama.

Je ne sais pas trop comment cela est possible, mais c'est ainsi : je suis un Indien. Je ne le savais pas avant d'avoir rencontré les Indiens, au Mexique, au Panama. Maintenant, je le sais. Je ne suis peut-être pas un très bon Indien. Je ne sais pas cultiver le maïs, ni tailler une pirogue. Le peyotl, le mescal, la chicha mastiquée n'ont pas beaucoup d'effet sur moi. Mais pour tout le reste, la façon de marcher, de parler, d'aimer ou d'avoir peur, je peux le dire ainsi : quand j'ai rencontré ces peuples indiens, moi qui ne croyais pas avoir spécialement de famille, c'est comme si tout à coup j'avais connu des milliers de pères, de frères et d'épouses. Mais comme toujours, lorsqu'un individu veut parler d'un peuple, lorsqu'il se mêle de deviner les passions et les desseins d'une communauté qui n'est pas la sienne, même s'il ne croit pas forcément à la science, il court de grands risques. Ainsi ces pages écrites pour parler de gens dont la grande vertu est d'être inaccessibles et silencieux, ne savent parler, malheureusement, que de leur auteur. (*Haï*, 1971.)

Un *devenir Indien* comme ultime étape d'un processus de dépossession et de libération. C'est une chimère, mais une chimère révélatrice, qui dit beaucoup du rêve de fuite si présent dans la littérature du XXe siècle, et en particulier dans celle qu'on qualifie de littérature de voyage. Se projeter dans l'autre, se projeter si loin qu'on devient soi-même quelqu'un d'autre.

Le terme *indien* est devenu, dans la langue française, plus exotique, plus poétique qu'en espagnol. Il renvoie à un autre horizon qu'*indigène*. Il n'évoque pas une relation de pouvoir mais une origine lointaine (par rapport au monde occidental, au Blanc), ainsi que l'appartenance à une culture ancienne. Pour moi il continue à renvoyer à une série d'associations mentales qui contiennent une projection utopique. Le « monde indien » représente une possibilité qui n'a pas eu sa chance. Comment était le monde avant la colonisation ? Que serait-il devenu si elle n'avait pas eu lieu ? Je n'imagine pas la rémanence de sociétés idéales et cependant, je ne peux m'empêcher de penser qu'il aurait mieux valu que la conquête n'ait pas lieu, que tout aurait été mieux sans elle. Qu'aurait-il été de nous sans la triade maudite colonialisme-capitalisme-patriarcat ? Je sais que cela ne mène nulle part, mais je ne peux m'empêcher de songer de temps en temps à ce qui se serait passé sans « l'hydre capitaliste », comme l'appellent les zapatistes, et sans l'imposition de la religion chrétienne. Quand je suis arrivée au Mexique, je ne savais pas que la majorité des peuples autochtones étaient chrétiens, catholiques, ou, pour nombre d'entre eux, qu'ils avaient adopté une variante sectaire et radicale du protestantisme, l'évangélisme. Je m'imaginais un univers de croyances en rapport avec la terre, avec les forces de la nature, un ensemble complexe de rites et de manifestations esthétiques qui restituent à l'art son pouvoir de transformation, son pouvoir réellement émancipateur. Mes lectures d'Artaud, de Le Clézio et de quelques autres m'ont permis d'entrevoir une vision et une pratique de la culture opposées au consumérisme, où la poésie, le chant, la danse, permettaient l'accès à un état supérieur de l'être. Ils ont décrit des manifestations d'un art absolu dans lesquelles les processus esthétiques correspondent exactement à des mouvements du corps et de l'âme. Et je ne peux m'empêcher de rêver avec Le Clézio que la littérature puisse être une version nouvelle d'un « cérémonial de guérison magique », une mise en scène primordiale de tout ce qui nous constitue. *Ces trois étapes qui arrachent l'homme indien à la maladie et à la mort, seraient-elles celles-là mêmes qui jalonnent le sentier de toute création : Initiation, Chant, Exorcisme ? Un jour, on saura peut-être qu'il n'y avait pas d'art, mais seulement de la médecine. (Id.)*

    Je ne suis pas venue chercher cela au Mexique. J'y suis arrivée un peu par hasard, sans préparation et sans but, mais ces images et ces idées étaient en moi et constituaient une espèce de contexte intérieur. Elles ont modelé une croyance profonde dans la supériorité des peuples premiers, et la conscience claire de la responsabilité de ma culture d'origine dans l'oppression dont ils sont victimes, ainsi qu'une vision idéaliste de l'altérité qu'ils représentent, désirable mais inaccessible.

Je n'ai pas voulu marcher sur les traces d'Artaud ou d'autres voyageurs illustres. Je ne voulais même pas vraiment voyager. Je voulais me trouver une place, même toute petite, et rester là un moment. Je voulais marcher sur mon propre sentier. Mais on n'est jamais seul sur un sentier, qu'on le veuille ou non, on marche dans les pas de ceux qui nous précèdent. Et ce qui m'a été transmis par cette culture occidentale dans laquelle j'ai grandi est une vision de l'autre qui m'en sépare infiniment, et qui fait que cette différence radicale ne peut être abordée que depuis l'angle de l'oppression ou celui de la divinisation. Il existe pourtant bien d'autres modes de relation.

Où est-ce que je veux en venir ? Où est-ce que je vais ? Si je dis que je ne le sais pas, ce que je veux dire c'est que je ne comprends pas très bien moi-même le chemin que je prends pour y arriver. Mais en réalité, je sais plus ou moins où je vais. Je vais au Caracol de Morelia, aussi connu sous le nom de

Tourbillon de nos paroles, dans une communauté zapatiste des montagnes du sud-est du Chiapas. Je veux retourner au Caracol de Morelia, *zona Tzotz Choj*, où je suis allée en trois occasions distinctes et où m'a été révélé le sens de la phrase qui m'a hantée à différentes époques de ma vie : *cette lutte n'est pas la tienne*. Plutôt que révélé il faudrait peut-être dire dévoilé, comme on enlèverait une série de voiles qui la couvriraient, une série de peaux qu'on enlèverait à un oignon, bien qu'il s'agisse d'un processus incomplet, car on n'arrive jamais au centre de l'oignon qui, de toute manière, nous le savons tous mais nous avons parfois tendance à l'oublier, n'a pas de centre. Et je ne peux pas retourner à cet endroit sans refaire une partie du chemin qui m'y a conduite, et ce chemin, s'il commence quelque part, commence par le mot *Indien*.

Où il sera donc question d'Indiens d'Amérique, de danses et de *temazcal*

Il faut que je parle d'un dernier Indien avant de retourner au Chiapas. Le dernier Indien avant les Indiens. Bien que j'aie grandi dans un village de montagne du sud-est de la France, où il était peu probable que voyagent des autochtones natifs des premières nations d'Amérique, j'ai rencontré, enfant, plusieurs membres d'une tribu d'Amérindiens. C'est Polo qui les avait invités. Un ami de mes parents, qui était comme eux venu d'ailleurs et qui avait choisi de vivre une vie simple dans les Alpes, une vie différente, avec peu d'argent et des rêves à l'infini. Un de ses rêves les plus grands était d'être un Indien. Les raisons profondes de ce désir avaient sûrement quelque chose à voir avec ce que j'ai exposé au chapitre précédent, la culpabilité de faire partie de la race de ceux qui ont colonisé la planète, la recherche d'un lieu authentique dans le monde et en soi-même, que seuls les peuples originaires n'auraient pas sacrifié sur l'autel de la modernité, etc. Mais tout cela n'était peut-être pas si évident pour Polo. Ou bien il pensait que nous n'allions pas comprendre ces raisons-là, car nous étions des enfants, et il nous disait plutôt qu'il avait commencé ce rêve quand il était petit, qu'il lisait des bandes dessinées et allait voir des westerns au cinéma et qu'il s'était toujours identifié aux vaincus, que leur lutte lui avait toujours semblé plus valable que celle des cow-boys et que dans tous les jeux de son enfance il était un chef apache, un guerrier sioux ou navajo. Maintenant qu'il était devenu adulte, il voulait connaître ces chefs en vrai, et leur faire part de son respect. Il savait tout ce qu'il était possible de savoir sur les peuples originaires de l'Amérique du Nord. L'appartement dans lequel il vivait avec sa compagne et leurs deux jeunes enfants était rempli d'images de déserts du Nouveau-Mexique, de forêts canadiennes, de livres sur les pow-wow, sur les aigles, sur l'histoire de la conquête, sur le chamanisme. Il faisait partie d'une association qui s'appelait Amitié franco-lakota et qui était en contact avec des autochtones vivant dans une réserve au Canada. Ils ont organisé un échange et, après avoir surmonté des obstacles de toute sorte, ont réussi à inviter un groupe de Lakotas en France. Les Indiens ont fait une petite tournée dans le pays, proposant des conférences dans des centres culturels de province, ils ont joué de la musique et dansé dans des festivals, ont fait du tourisme et sont passés par notre village.

Nos visiteurs étaient une trentaine ou une quarantaine, ils tenaient tous dans un bus de tourisme. Les familles qui allaient participer à l'échange et accueillir les voyageurs étaient réunies sur une esplanade à côté de l'école communale. J'étais en sixième ou en cinquième, c'était donc à la fin des années 1980. Ce petit village, de moins de cinq cents habitants, était peuplé principalement par des gens issus du lieu, dont les parents et les grands-parents avaient grandi là et avaient cultivé ces terres caillouteuses et pauvres jusqu'à l'arrivée du tourisme, dans les années 1970. Une minorité, qui vivait à la périphérie du village dans des maisons louées ou de vieilles granges retapées, en perpétuelle construction, était composée de gens qui faisaient les saisons dans les stations de ski en hiver et avaient des activités liées aux sports de montagne et aux campings l'été. Des jeunes qui avaient été attirés par l'opportunité d'avoir une vie loin de la violence urbaine, de la pollution, du chômage, de la consommation et de l'aliénation qui en résulte.

Certains avaient fondé des familles. Ils rêvaient d'élever leurs enfants dans un environnement naturel, avec des valeurs différentes de celles du système dominant. Ceux qui étaient là sur l'esplanade attendant l'autobus des Lakotas faisaient presque tous partie de ce groupe-là. Les natifs du lieu, nos autochtones, regardaient par la fenêtre derrière les rideaux de dentelle en crochet qui n'étaient pas encore passés de mode à l'époque dans les provinces françaises reculées.

Dès le moment où nous les avons vus descendre du bus, nous avons compris que les Indiens n'allaient pas être comme nous nous les étions imaginés. C'était un groupe composé de tous les âges, des enfants aux personnes âgées. Ils portaient des vêtements de sport, des chaussures de sport de marques américaines, des casquettes de baseball, et avaient tous de très grosses valises. Le garçon qui a habité chez nous avait un walkman, une nouveauté en ces temps anciens où nous écoutions encore des vinyles sur un tourne-disque. Il portait le walkman à la ceinture grâce à une attache qui se clippait au pantalon. Il ne s'en est pas séparé une seconde pendant toute la semaine, sauf pour prendre sa douche je suppose. Quand il avait fini de manger, il se levait de table sans demander la permission, très naturellement, il lavait son assiette et ses couverts et allait s'étendre sur son lit pour continuer à écouter de la musique. Mes parents n'ont pas osé lui dire quoi que ce soit, en dépit du fait que mon beau-père ait été un tyran très strict en ce qui concernait les bonnes manières et qu'il était certainement outré par l'attitude du jeune homme. Les adultes devaient être tout aussi impressionnés que nous, les enfants. Eux aussi, c'était la première fois qu'ils voyaient un Indien. Il s'appelait Mike ou Dany ou Johnny. C'était assez ironique en fait, je m'en rends compte en écrivant cela. Dans notre groupe à nous, le groupe des Français, il y avait des noms comme Neige, Fleur, Angélique, alors qu'eux, les héritiers de Sitting Bull, ils s'appelaient tous Johnny ou Jessy ou Dave.

Il parlait anglais et quelques mots de français du Québec. On aurait dit qu'il haussait le ton quand il parlait, comme s'il fallait bien se faire entendre. Il nous a demandé qu'on achète du soda parce qu'il n'aimait pas l'eau. Chez nous, on n'avait jamais acheté de soda. On était une famille nombreuse avec peu de ressources et on ne dépensait pas d'argent dans des choses inutiles. Et les boissons gazeuses entraient dans cette catégorie. Mais nous souhaitions faire plaisir à notre invité, nous ne voulions pas qu'il raconte à son groupe qu'on l'avait mal reçu et, bien sûr, mes parents ont fait ce qu'il a demandé. L'épicerie du village ne vendait pas de sodas. Il a fallu aller au supermarché du village voisin, mais il a fini par avoir son Coca. C'était un garçon à la peau brun clair, aux cheveux lisses et noirs de jais, aux yeux en amande, avec un air gentil. Je me souviens que j'avais un peu peur de lui cependant. Tout en lui était trop grand. Ses mains, ses pieds, et même sa tête avaient une taille supérieure à la normale et me faisaient forte impression, comme si j'étais en présence d'un petit géant. Quand nous nous réunissions avec les autres familles, il rejoignait tout de suite ses camarades, qui eux aussi me semblaient plus grands que nature. Ils discutaient. Ils riaient. On ne savait pas de quoi. À la maison nos invités souriaient beaucoup mais en même temps ils ne manifestaient pas beaucoup d'intérêt pour nous et nos occupations. Ils mangeaient et disaient merci pour la nourriture, mais on voyait bien que tout leur semblait un peu étrange et pas nécessairement très bon, alors qu'on leur avait fait ce qu'on savait faire de mieux, des quiches aux poireaux, des pâtes carbonara, des gratins de courgettes. Ils devaient se sentir observés. Normal, c'était les premiers Américains que nous connaissions de près.

C'était des Indiens. Ça se voyait à leurs traits, aux coiffures de certains d'entre eux, aux chants, aux danses, aux instruments de musique qu'ils avaient apportés, et dont tous, même les plus jeunes, savaient jouer. Et cependant, c'était aussi des Américains, et pour moi, qui devais avoir dans les douze ans, c'était bien plus fascinant que le reste. Ils amenaient avec eux toute la culture qu'on voyait à la télévision, des façons d'être, de marcher, de mâcher des chewing-gums, de se donner des tapes dans les mains pour se saluer. Ils avaient des walkmans, des cassettes de hip-hop et de heavy metal. Petit à petit, entre notre invité et moi s'est installée, on ne pourrait pas appeler ça une amitié mais enfin, une sorte de relation amicale. Sans se parler, les deux affalés sur un canapé, nous avons partagé les écouteurs de son casque, presque sans bouger, marquant à peine le rythme avec les pieds ou la main, et nous avons passé ainsi quelques heures mémorables, pour moi, et, qui sait, peut-être pour lui aussi.

Ils répondaient aimablement à nos questions. Ils ne nous en posèrent aucune, ni sur nos vies ni sur nos coutumes ni rien. Ils nous racontèrent qu'ils vivaient dans une réserve, sur une portion rognée de la terre de leurs ancêtres, qu'ils avaient été obligés d'abandonner leur façon de vivre, leurs rites, leurs traditions, pendant longtemps, et qu'ils étaient à peine en train de les récupérer. Pour de nombreuses personnes de leur communauté, l'héritage culturel n'était pas important et elles préféraient vivre à la manière occidentale. Ceux qui en avaient la possibilité partaient vivre dans les grandes villes, pour faire des études, monter des commerces, réclamer leur part du rêve américain. Eux, le groupe de nos invités, faisaient partie d'une organisation qui luttait pour la protection et la renaissance des danses, des chants et des pratiques rituelles de leur culture. Johnny aimait bien danser. Il ne me l'a pas dit mais je l'ai vu à l'œuvre dans les cercles de danse, pendant les quelques jours que les Lakotas ont passés dans notre vallée. Ils dansaient tous les jours, le matin, se réunissant parfois sur un terrain pas très loin de chez nous. Ils donnèrent aussi quelques représentations publiques en costumes traditionnels, coiffés de couronnes de plumes, le corps et le visage peints, des bracelets de clochettes aux pieds. Les répétitions du matin étaient plus informelles, moins sérieuses. Johnny se transformait. Au moment où il rejoignait le cercle des danseurs, son corps devenait à la fois plus droit et plus fluide. Il n'était plus un adolescent introverti mais un être de lumière, de mouvement, de rythme, intégré corps et âme à la danse collective.

Polo aussi a dansé. Il a dansé, chanté, joué des instruments. Lui aussi était transformé, lui aussi s'abandonnait à quelque chose de plus grand que lui et il honorait la terre, le soleil, la vie à travers la danse. Polo était un Indien et personne n'aurait pu le nier, et moi encore moins que quiconque, puisque je l'ai vu, j'ai vu de mes yeux d'enfant ce que pouvait vouloir dire être un Indien véritable dans la personne de Polo qui avait une foi absolue en ce qu'il faisait. Je l'ai vu tourner et tourner encore et taper des pieds et donner la main aux autres pour former une ronde et jouer du tambour et chanter jusqu'à l'épuisement. *Ho ya hé ya ho ya hé ya ho ya hé ya hoo.* Dans le cercle des danseurs, après plusieurs heures d'un rythme intense, la couleur de la peau n'a plus d'importance, ni la langue maternelle, ni le lieu de naissance. La seule chose qui importe c'est l'énergie, la charge d'énergie qui circule entre les danseurs et les danseuses et la terre et le ciel et le feu, et qui remet tout, absolument tout, à sa juste place.

Je me souviens d'un *temazcal*, ce que j'appelle aujourd'hui un *temazcal* puisque je vis au Mexique et que c'est ainsi qu'on appelle ça, mais que je ne pouvais pas nommer à ce moment-là, d'aucune manière, puisque je n'avais jamais rien vu de tel. Je crois qu'eux l'appelaient un *sweat lodge*, une hutte de sudation, c'est-à-dire une petite structure rudimentaire où on se met pour transpirer ensemble, mais cette manière très concrète de désigner le lieu mis en place ne rend pas compte du rituel complexe qui accompagne tout le processus. C'était un rituel strict et solennel, puisqu'il fallait accomplir des gestes précis, selon des règles inamovibles, et en même temps c'était amusant. Tout le monde prenait ça avec pas mal de désinvolture, de la même manière qu'ils organisaient les cercles de danse, en se consultant les uns les autres pour essayer de se rappeler la forme correcte. Il y avait des disputes, des blagues, des rires. Seulement à certains moments, dont la venue n'était pas perceptible pour nous, ils devenaient tout d'un coup très sérieux et concentrés et paraissaient entrer dans une forme de méditation ou de transe.

Il a d'abord fallu choisir un endroit bien plat dans un des champs prêtés pour l'occasion. Les Indiens et les Indiennes ont choisi ensemble une partie du terrain pas trop cabossée, l'ont nettoyée, balayant les brindilles et les graviers, et ont transporté de grosses pierres pour faire un cercle qui serait le foyer autour duquel ils ont dessiné un cercle plus grand. Ils ont marqué aussi plusieurs points équidistants où ils allaient ensuite placer les branches d'arbre taillées qui allaient servir d'armature. Ils ont coupé les branches. Avec les plus grosses ils ont constitué la coupole basse qui avait la forme d'un igloo et ils ont tressé les branches plus fines et flexibles entre les autres. Ils ont couvert cette demi-sphère de couvertures. Quelques-uns sont partis dans les bois chercher d'autres branches, du bois sec, des herbes, pendant que les autres allumaient un énorme feu de camp dans lequel ils allaient faire chauffer des pierres choisies pour leurs propriétés et pour leur beauté. Même pour choisir les pierres ils se consultaient les uns les autres, ils faisaient des allers-retours à la forêt, réfléchissant longuement avant de prendre leur décision. On nous a invités à tout, à la recherche du matériel, à la danse, au feu, à entrer ensuite dans la tente sous les couvertures. Il y avait toujours ce mélange de légèreté et de solennité. On ne pouvait pas faire entrer une pierre quelconque ni une intention quelconque dans le *temazcal*, mais il n'y avait pas non plus d'interdictions. Et s'il existait un protocole, il était indéchiffrable pour nous et ils ne se sont pas offensés si nous ne l'avons pas respecté. Dans l'après-midi, après un pique-nique qui a duré longtemps, quand enfin tout a été prêt, toutes celles et tous ceux qui étaient là se sont réunis, ils ont formé un cercle, debout, séparés les uns des autres, sans se donner la main. Un des Indiens s'est mis à chanter. Il chantait quelques vers d'une voix parfois gutturale parfois haute, et les autres répétaient la fin de ses phrases. On nous a invités à faire de même. Nous avons chanté, fait quelques pas de danse au son d'un tambour, une femme a marché au centre du cercle et est passée devant chaque personne présente avec un bout de bois dont la pointe brûlait. Elle a soufflé de la fumée sur les corps et les visages des participants. Ensuite, une dizaine de personnes sont entrées dans la hutte. Nous les avons vus disparaître l'une après l'autre dans la bouche obscure, illuminée seulement par les braises du feu central et, quand la porte s'est refermée, on a pu entendre d'autres chants venant de l'intérieur, le bruit de l'eau sur les pierres chauffées, les longs silences et les rires étouffés par les couvertures et la distance.

    Je suis restée avec les adolescents, autour d'un autre feu plus petit que nous avons fait pour nous, mes amis du village d'un côté et les jeunes Lakotas de l'autre. Quelques-uns avaient amené des cannettes de bière, des cigarettes, qui ont commencé à circuler. Les Indiens ont sorti des bonbons et des barres chocolatées de leurs poches et nous nous sommes fait un festin de sucre. Nous aussi nous avons ri et nous avons été silencieux et solennels, à notre manière, pendant que les adultes faisaient ce qu'ils avaient à faire et transpiraient dans leur hutte de vapeur. À l'époque je ne savais pas ce qu'ils faisaient et je ne crois pas que cela m'ait intéressée beaucoup. Mais aujourd'hui, puisque je suis entrée moi-même de nombreuses fois dans un *temazcal*, je sais qu'ils ont sans doute remercié les éléments, les forces de la terre, le monde, pour ce moment, pour le fait d'être vivants, ils ont entonné des chants anciens, respiré difficilement dans l'air chaud saturé d'odeurs d'herbes brûlées, pensé à la mort, à ceux qui n'étaient plus là, ils sont descendus dans les abîmes intérieurs, encouragés par l'obscurité, par l'ennui au milieu des autres sans pouvoir bouger, par le rythme incessant des instruments, des chants, par le vertige causé par la trop grande chaleur, et la voix du chanteur les aura sortis de là, soudain, elle aura demandé un peu d'attention, un peu de force, elle aura dirigé les pensées du groupe sur une même idée pour quelques minutes, puis elle aura offert la possibilité à ceux qui le souhaitent de prendre la parole, et après que les participants auront partagé une boisson chaude circulant de l'un à l'autre, une main aura ouvert violemment la porte sur la lumière du dehors.

Tout cela n'a rien à voir avec ce qu'a décrit Artaud, à première vue. Et pourtant, si on regarde un peu au-delà de l'exotisme, il y avait le rythme et l'incantation, l'énigmatique, le mouvement articulé des corps, la recherche d'une vision, la négation de la part rationnelle. Quand le sens d'une composition esthétique est indéchiffrable, chacun voit ce que projette son esprit. C'est ce qui arrive avec l'art abstrait, ou quand plusieurs personnes regardent les nuages et décrivent les figures qu'elles voient apparaître. Un cercle de feu, un autre cercle d'hommes et de femmes assis autour, sous une coupole formée par un tressage de branches recouvert de vieilles couvertures. Que voyez-vous là ? Un ventre matriciel où un nouvel être en gestation doit se construire avant d'être mis au monde ? Une grotte primordiale qui reproduit l'union sacrée de la tribu ? Un refuge ? Un crâne ? Une espèce de sauna pas très hygiénique où on fume et chante jusqu'à perdre la lucidité ? Sept pierres, onze pierres, vingt pierres, trois portes, quatre chants, quatre points cardinaux, un bouquet de feuilles d'eucalyptus, cinq branches de pin, l'eau, le feu, la fumée, la terre.

    Artaud voyait des signes dans la danse rituelle des Tarahumaras, un vagin dévorateur, sept hommes, un cheval, un soleil, deux soleils, la mort, la résurrection, une naissance.

Et en bas, comme au bas de la pente amère,
cruellement désespéré du cœur,
s'ouvre le cercle des six croix,
        très en bas,
comme encastré dans la terre mère,
désencastré de l'étreinte immonde de la mère
        qui bave.

La terre de charbon noir
est le seul emplacement humide
dans cette fente de rocher.

Le Rite est que le nouveau soleil passe par sept points
   avant d'éclater à l'orifice de la terre.

Et il y a six hommes,
un pour chaque soleil,
et un septième homme

qui est le soleil tout
                cru
habillé de noir et de chair rouge.

Or, ce septième homme
est un cheval,
un cheval avec un homme qui le mène.

Mais c'est le cheval
qui est le soleil
et non l'homme.

Sur le déchirement d'un tambour et d'une trompette longue,
étrange,
les six hommes
qui étaient couchés,
roulés à ras de terre,
jaillissent successivement comme des
tournesols, non pas soleils
mais sols tournants,
des lotus d'eau, et à chaque jaillissement
correspond le gong de plus en plus sombre
                et rentré
                du tambour
jusqu'à ce que tout à coup
on voit arriver au grand galop, avec une vitesse de ver-
   tige,
le dernier soleil,

  le premier homme, le cheval noir avec un
      homme nu,
      absolument nu
      et vierge
      sur lui.

Ayant bondi, ils avancent suivant des méandres circu-
 laires
et le cheval de viande saignante
s'affole et caracole sans arrêt
au faîte de son rocher
jusqu'à ce que les six hommes
aient achevé de cerner
complètement
les six croix.
Or, le ton majeur du Rite est justement
    L'ABOLITION DE LA CROIX.

Ayant achevé de tourner
Ils déplantent
les croix de terre
et l'homme nu
sur le cheval
arbore
un immense fer à cheval
qu'il a trempé dans une coupure de son sang.

   (*Pour en finir avec le jugement de Dieu*, 1948.)

Ce texte, écrit douze ans après le voyage au Mexique, a été réécrit plusieurs fois entre 1947 et 1948. La dernière, quelques jours avant la mort d'Artaud, comme s'il nous léguait en guise de testament cette célébration solaire. Il ne voyait pas toujours la même chose. C'est le propre des signes, et peut-être aussi des rites, que de ne jamais se répéter à l'identique, bien qu'ils suivent des programmes, des gestes et des mises en scène millénaires.

Je n'avais pas pensé jusqu'ici à faire un lien entre la perception d'Artaud de la danse rituelle des Tarahumaras et le *temazcal* des Lakotas que j'ai vu enfant, parce que mes yeux ne pouvaient pas encore voir certaines choses. J'ai changé. Maintenant ma perspective a autant de couches de peau qu'un oignon de taille respectable, pas un gros oignon rouge et doux comme on en trouve au Mexique, mais peut-être un oignon de taille moyenne, un oignon brun des Alpes, qui tient dans la paume de la main.

Il ne serait donc pas juste de dire que je suis arrivée au Chiapas avec uniquement une vision livresque des indigènes comme prêtres d'une religion totale et derniers témoins d'un monde meilleur qui allait disparaître avec eux. J'avais aussi déjà en moi la vision des Indiens contemporains, fils et filles de la globalisation, assez semblables à moi, sans identité claire, entre un héritage confus de coutumes qu'ils ont du mal à comprendre et la difficile intégration à un monde violent, cruel, hostile. Plus tard, quand je suis arrivée aux États-Unis, à l'âge de vingt-trois ans, avec un programme d'échange dans une université qui me donnait le droit de travailler et de vivre sur le campus, je me suis souvenue de Johnny, qui a été le premier Indien, mais aussi le premier Américain que j'ai rencontré. Je me suis souvenue du walkman, des habits, de la manière de parler et de marcher, parce que dans les rues d'Ann Arbor, de Détroit, dans les villes moyennes du Midwest, ils semblaient tous être ses clones, de différentes tailles et de différentes couleurs. Encore une fois, ça n'a pas été comme je l'imaginais. D'un côté oui, les Américains étaient comme dans les films, et d'un autre côté ils semblaient tous être des indigènes déplacés de leur village d'origine, vêtus de joggings taille XXL, équipés de téléphones portables et d'ordinateurs portables et situés sur une scène en carton peint qu'était le campus de l'Université du Michigan. Tout me paraissait si construit, si faux, si étranger, comme une mise en scène maladroite, que j'ai eu du mal à me faire à l'idée que c'était ça, la réalité de ce lieu.

Ce qui est curieux c'est que mes deux visions des Indiens, celle des peuples originaires et celle des Indiens ultramodernes, n'ont jamais fusionné. Elles ont toujours été présentes dans mon esprit comme s'il s'agissait de deux groupes différents. Les voyages dans la réalité m'ont permis de superposer ces deux perspectives incompatibles, et d'autres encore, et aussi de les mettre de côté, par moments, pour pouvoir avancer à tâtons, sans vision préétablie, sans préjugés, comme cela devrait toujours être le cas quand on rencontre quelqu'un, comme le font les enfants. Ils avancent vers la nouveauté sans chercher dans le passé à quoi se raccrocher pour l'y comparer, l'analyser, la domestiquer. Une personne inconnue se présente et ils l'abordent avec confiance, avec curiosité, avec bonne foi. Ils sont ignorants, ingénus, libres. Je ne peux pas revenir à l'ouverture absolue de l'enfance, mais je voudrais atteindre quelque chose qui s'en approche à force d'accumulation de points de vue qui s'annulent les uns les autres.

Je ne veux pas dire par là que les Indiens des livres et des posters de Polo n'existent pas. Ils existent, sur un certain plan. Ils ont une présence dans le monde réel, une présence suffisante pour qu'ils aient formé les rêves et les rébellions non seulement de mon ami Polo mais aussi d'un grand nombre de gens de sa génération, ils ont influencé des choix de vie, des manières de penser, d'éduquer les enfants, de transmettre des utopies, ils ont ouvert des brèches. Ils existent dans un royaume à part, à mi-chemin entre l'Amérique et l'Europe, en une zone de contact insituable, peut-être sur une île jamais découverte au milieu de l'océan Atlantique. Mais ils n'existent pas sur cette terre. Cela ne veut pas dire non plus que connaître Johnny en vrai, en personne, soit suffisant pour savoir qui sont les Indiens contemporains. Comme si on pouvait me prendre moi comme exemplaire représentatif de qui sont les Françaises d'aujourd'hui. C'est une idée grossière, et pourtant la tentation de généraliser est toujours très grande. Johnny ne représente pas son peuple, pas plus que je ne représente le mien. Et pourtant on agit toujours ainsi. On accumule cinq, six, dix portraits de Mexicains et on dit : les Mexicains sont comme ça. Ainsi sont les enfants, les vieux, les sangliers. On devrait plutôt dire : voici comment sont les dix sangliers dont j'ai croisé la route. Les trois Indiens, les deux cents Français. Et, à la rencontre suivante, affiner sa perception. Maintenant que je vis au Mexique depuis tant d'années, je n'ai rien appris de neuf sur les sangliers, ce que j'en savais a vieilli considérablement depuis le temps où je les fréquentais dans les Hautes-Alpes de mon enfance. Peut-être que ce que je pensais savoir des sangliers n'est plus valable aujourd'hui. Cependant je commence à connaître pas mal les *tlacuatches*, puisque j'en ai connu un certain nombre ces dernières années, dont un est devenu mon fidèle ennemi. Il vit derrière chez moi et sort la nuit pour aller manger mes salades. Il fait ça depuis longtemps, et ce n'est pas le premier qui fait ça, et je peux donc me faire une idée de qui sont les *tlacuatches* en général non seulement à partir de ces quelques individus que j'ai rencontrés mais aussi en fonction de l'intensité de la relation que j'ai établie avec eux. Et, comme on sait, on peut apprendre tout autant sinon plus d'un bon ennemi que d'un mauvais ami. L'expérience, la singularité de la rencontre humaine, ou animale dans ce cas, valide automatiquement ce que nous savons de ce qui nous entoure. En d'autres termes, on a beau être attiré par le monde des représentations, des images et des idées, il n'y a rien de tel que la réalité.

La Escuelita

No hay nada como la realidad. Il n'y a rien de tel que la réalité. Rien ne surpasse le réel. Rien de tel qu'un bain de réel.

C'est ce qu'ont pensé les zapatistes quand ils ont monté la *Escuelita, La libertad según l@s zapatistas*, la Petite École de la liberté selon les zapatistes. C'est ce que je suppose en tout cas, si j'y ai compris quelque chose.

Près de vingt ans après le soulèvement, en 2013, il y avait tant de discours et d'informations qui circulaient sur les communautés zapatistes qu'il était difficile de se faire une idée personnelle sans être influencé par les partis pris idéologiques. Une partie de la gauche mexicaine s'était désintéressée du mouvement suite au refus des zapatistes d'entrer dans la logique des partis politiques et reprochait à Marcos de n'avoir pas su saisir l'opportunité d'influer sur le sort de l'histoire nationale. Une autre partie présentait la lutte en cours comme une révolution en marche et alertait l'opinion publique sur la répression violente exercée par l'État, à travers des militaires et paramilitaires, sur les communautés, comme une manière d'écraser l'insurrection par la force. Les zapatistes eux-mêmes, sans doute fatigués de voir leurs paroles déformées, sorties de leur contexte, utilisées pour le bénéfice d'autres groupes, communiquaient de manière cryptique, parfois contradictoire, et se moquaient de ceux qui parlaient d'eux sans les connaître, sans une expérience de première main. Cependant, ils et elles n'ont jamais complètement mis de côté l'interface avec la société civile. Et quand une grande partie de la société mexicaine a tourné le dos au mouvement, quand il est devenu clair que le zapatisme n'allait pas devenir une alternative politique pour le pays dans son ensemble, un secteur de la population est resté attentif à ce qui se passait, ce qui se construisait dans les municipalités autonomes des montagnes et des forêts du sud-est du Mexique appelées *Aguascalientes* puis *Caracoles* (ce qui se traduit par escargots ou coquillages, symboles que l'on peut interpréter de nombreuses façons). C'est ainsi qu'en 2013, les zapatistes ont invité ceux et celles qui étaient intéressés à reprendre la conversation.

Ils et elles disaient : ce que nous faisons ne peut pas être résumé dans des discours. Vous voulez savoir ce qui se passe ici ? Venez donc voir par vous-mêmes, voyez de vos propres yeux. Et c'est ainsi qu'est née la proposition de la Escuelita : venez quelques jours étudier et écouter. Venez connaître un peu de la réalité des communautés zapatistes, posez toutes les questions que vous souhaitez poser, prenez vos notes, vos photos, et ensuite rentrez chez vous et racontez ce que vous avez vu, ce que vous avez entendu, partagez vos photos et vos textes avec ceux et celles qui veulent savoir aussi et qui n'ont pas pu venir. Prenez cette petite flamme avec vous, faites-en ce que vous pouvez, gardez-la bien vive. Et que celles et ceux que ça n'intéresse pas vraiment passent tranquillement leur chemin.

(Maga voulait savoir qui était Marcos. Je comprends aujourd'hui sa fascination. Elle était différente de celle de Polo pour les peuples des premières nations américaines, mais elle buvait de la même source, l'inépuisable fontaine de l'imagination mythique, et elle respirait du même air, l'air de l'aventure, de la découverte, de la promesse que l'imaginaire puisse avoir une origine de chair et d'os. Et je dois reconnaître qu'il s'agissait d'une recherche légitime et digne, que je n'aurais pas dû prendre de haut, rejeter comme je l'ai fait. Mais j'étais tombée juste moi aussi, dans ma désinvolture et mon ignorance : Marcos n'existe pas, et il est plus intéressant ainsi, dans son existence de non-existant. Les zapatistes n'ont eu de cesse de dire que Marcos n'est personne. Ou qu'il est légion. Et que cela revient au même. Marcos a beaucoup de points communs avec le chat-chien, personnage qu'il a inventé et qui se promène de sa démarche nonchalante dans ses récits. Il n'existe pas et il existe. Il est chat et chien et ni chien ni chat. Il est non binaire, opposé par sa nature même à la manière de raisonner occidentale, et se rapproche plus des formes mythologiques de la pensée mésoaméricaine et de ses étranges philosophes qui s'expriment par énigmes. On pourrait dire que Marcos, comme le chat-chien, est une figure de l'esprit, ou un esprit de la figure.

À propos de tout ce qui se dit sur l'éventuelle homosexualité de Marcos : Marcos est gay à San Francisco, noir en Afrique du Sud, asiatique en Europe, chicano à San Isidro, anarchiste en Espagne, palestinien en Israël, indigène dans les rues de San Cristóbal, rocker dans la cité universitaire, juif en Allemagne, féministe dans les partis politiques, communiste dans l'après-guerre froide, pacifiste en Bosnie, artiste sans galerie ni portefeuille, maîtresse de maison un samedi soir dans n'importe quel quartier de n'importe quelle ville de n'importe quel Mexique, guérillero dans le Mexique de la fin du XXe siècle, journaliste bouche-trou dans les pages intérieures, machiste dans le mouvement féministe, femme seule dans le métro à 22 heures, paysan sans terre, éditeur marginal, ouvrier au chômage, médecin sans cabinet, étudiant non conforme, dissident du néolibéralisme, écrivain sans livres ni lecteurs et, pour sûr, zapatiste du sud-est mexicain. Finalement, Marcos est un être humain quelconque de ce monde. Marcos est toutes les minorités non tolérées, opprimées, qui résistent, explosent et disent : « Ça suffit ! » Tout ce qui est minorité au moment de parler et majorité au moment de se taire et de tenir bon. Tous les exclus qui cherchent la parole, leur parole, quelque chose qui rende la majorité aux éternels fragmentés, nous. Tout ce qui dérange le pouvoir et les bonnes consciences, tout cela est Marcos. » (Sous-commandant Marcos, Communiqué du 28 mai 1994.)

Marcos est tout ce que J.H.H., l'homme du *Livre des fuites*, de la liste des voleurs, alter ego de J. M. G., n'est pas. Il est l'inverse de l'homme blanc, du *stupid white man*, son ombre, le corps en travers de la route que l'autre doit piétiner pour pouvoir continuer son chemin. Au lieu de se demander qui il est, on devrait plutôt se demander ce qu'il est, quelles coordonnées peuvent faire bouger la fonction Marcos, de quelle manière pourrait-on nous aussi monter sur le dos du cheval Marcos, ou du petit âne Marcos, car si on ne sait pas monter à cheval, à la première inadvertance on se retrouve balancé par-dessus bord alors que l'âne, lui, tiendra le coup, il nous portera, nous emmènera, lentement, très lentement, mais il nous emmènera là où on veut aller, quoi qu'il arrive. Et, comme c'est bien connu, ce qui importe ce n'est pas d'arriver vite, ce n'est même pas d'arriver, c'est de réussir à monter sur l'âne et d'observer le paysage pour voir si c'est différent depuis là-haut.)

(Et je devrais par la même occasion arrêter de juger cette attirance que Maga avait pour lui, pour cette figure, cette idée dont elle était amoureuse. Car ce n'est pas la raison seule qui nous fait aller vers le changement, vers l'émancipation, vers l'engagement. Il s'agit le plus souvent d'un élan vital, quelque chose qui nous porte, nous emporte, corps et âme, et qui a à voir avec le désir. Il faudrait peut-être arrêter de sous-estimer le potentiel érotique de la figure de Marcos, de la figure du révolutionnaire, de la révolution elle-même, pourquoi pas ? Arrêter de détourner le regard, de rejeter d'un revers de la main comme un manque de sérieux le fantasme amoureux autour du visage du Che, de la pipe du sous-commandant. Car cette fantasmagorie d'une sensualité ambivalente, parfois douteuse

– viriliste, attachée aux emblèmes de la violence, armes à feu, treillis militaires, cagoules et grenades –, veut certainement dire quelque chose. Elle parle sans doute du dévoiement capitaliste de tout, même de ce qui lui est le plus opposé, et sa transformation en idolâtrie matérialiste, en tee-shirts, en fétichisme vide de sens, seulement attachés aux oripeaux, aux symboles, à la coquille vide. Mais elle parle aussi du désir au cœur de toute insurrection, un désir porté par la jeunesse, par ceux et celles qui croient encore en l'amour, et qui sont avant tout amoureux et amoureuses d'eux-mêmes, de leur devenir, des symboles de ce qui les rend vivants, et qui pour pouvoir exercer cet amour fabriquent malgré eux des idoles, des totems, des talismans.)

Après que j'ai lu cette partie du texte sur Marcos à haute voix devant le petit groupe d'amis mexicains qui m'ont acceptée dans leur atelier d'écriture depuis quelques années, un des écrivains me fait ce commentaire : « Attention à ce que tu écris sur le zapatisme, c'est un sujet complètement rebattu (et cette citation ! tellement répétée qu'elle est devenue un cliché exaspérant). » Je le remercie pour sa remarque, effectivement ça m'embête de répéter ce que d'autres ont écrit mille fois avant moi. Mais après je réfléchis, et je ne peux m'empêcher d'entendre derrière ce qu'a dit mon ami d'autres commentaires qu'il n'a pas faits, mais qui sont là tout de même, sous-jacents. Je les ai déjà entendus, à différentes époques, dans d'autres milieux. Je me les suis faits moi-même. Ce n'est pas à toi de parler de ça. Ça n'est pas ta place. Ça ne t'appartient pas. *Ce n'est pas ta lutte.* Qu'est-ce qui ne m'appartient pas exactement ? Et si ce n'est pas à moi, à qui ? Il y a des luttes qui appartiennent, qui sont à quelqu'un parce que lui seul ou elle seule les mène jusqu'à leurs conséquences ultimes, parce qu'il ou elle est prêt ou prête à prendre les décisions qu'il faut pour aller jusqu'au bout. Et il y a aussi tous les commentaires sous-jacents du grand marécage poisseux des pièges idéologiques.

(En général, les Mexicains adorent que nous parlions, nous qui venons d'ailleurs, de ce qui nous plaît au Mexique. D'ailleurs, quand tu dis que tu es française ou hongroise ou nigériane, la question la plus fréquente qu'on va te poser au Mexique est : « Qu'est-ce que tu aimes le plus ici ? » Au début cela me surprenait. On ne me demandait pas de parler de là d'où je venais, de la mer ou de la montagne ou de la grande ville, pour quelles raisons j'avais voyagé aussi loin de chez moi, ce que j'avais étudié, ce que je faisais dans la vie. Ce que les gens voulaient savoir c'est ce que j'aimais du Mexique. Ils adorent écouter les louanges de telle ou telle chose mexicaine, ils sont séduits par l'idée qu'il y a des choses mexicaines qui n'existent pas en d'autres lieux, qu'il existe des gens capables de quitter leur pays, même des pays du premier monde, pour ces choses fabuleuses que l'on ne trouve qu'ici. Ils aiment tout cela et en même temps cela ne cesse de les surprendre profondément. C'est peut-être pour ça qu'ils posent la question encore et encore, avec une curiosité sincère. Comment par tous les diables as-tu bien pu quitter un pays développé, égalitaire, européen, pour venir ici ? Au début j'essayais d'analyser à fond la question et de répondre de la manière la plus honnête possible [j'étais encore très française dans ma façon d'être]. Maintenant [alors que je suis plus mexicaine qu'avant, dans mes comportements, ma façon de penser et dans mes relations avec les autres] je dis ce qu'ils veulent entendre, puisque de toute manière, le reste n'intéresse que moi. Ce sont des questions qui remplissent une fonction sociale, que les linguistes qualifient de phatique, une façon d'établir le contact avec l'interlocuteur, de créer une certaine complicité. La réponse ne les intéresse pas, cela dit sans mauvais esprit, et je dirais même que leur désintérêt est dépourvu du désir d'offenser ou de déprécier ce que j'ai à dire, c'est un désintérêt bienveillant, amical, tolérant. Quel que soit le contenu de ma réponse, ils seront contents. Je ne comprenais pas cela. Je disais : en réalité, les choses qui me plaisent sont problématiques, parce qu'elles contiennent toutes un côté un peu obscur, etc. et je perdais très vite l'attention de mon destinataire, ou je provoquais même des réactions de rejet. Désormais, j'essaie d'approfondir l'éloge des belles traditions, de la douceur infinie des usages mexicains, de la nourriture, du piment plus piquant qu'ailleurs et des mangues plus juteuses, et nous passons alors un bon moment, mon interlocuteur et moi. Pour pouvoir me permettre de critiquer quoi que ce soit, à n'importe quel niveau, politique, social, culturel, il faut que je sois en confiance, avec une personne connue et, même comme ça, il existe de grandes probabilités que la personne le prenne mal et que notre relation se détériore ensuite très rapidement. Critiquer, même de loin, même juste commenter avec un peu d'esprit critique, avec un regard un peu aiguisé, est dangereux pour l'amitié, et même pour les relations cordiales. Si on veut survivre socialement, c'est plutôt à bannir.)

    (Entre parenthèses : je suis mexicaine. C'est-à-dire que j'ai un passeport mexicain, que j'ai obtenu loyalement, après avoir passé de nombreuses années sur ce sol, planté des arbres, eu un enfant, étudié l'histoire de la patrie et les bases de la culture, après avoir payé mon dû de photocopies et de tampons bleu-violet, après avoir passé un examen, et effectué un long parcours dans le labyrinthe administratif, ponctué de pièges, d'arrêts désagréables dans des endroits où l'on n'a pas envie d'être, de longues files d'attente et de sourires forcés. Enfin, bref, pourquoi est-ce que je ramène ça ici? À quoi bon? Ça ne compte pas vraiment. J'ai essayé plusieurs fois de faire valoir mon droit, ou mon effort ou ma perspective. Dans des conversations avec des camarades, j'ai dit : « Oui mais bon, je suis mexicaine. Ne me voyez pas comme une étrangère, comme une Petite Française, une femme blanche uniquement. » En dépit de mes arguments, ils ont à peu près le même poids que ceux de la grand-mère de Yásnaya Gil, qui ne parle que la langue ayuujk [ou mixe], s'habille de l'habit traditionnel de son village et a la peau cuivrée de ses ancêtres, quand elle dit devant des étrangers : « Je ne suis pas indigène, de quoi est-ce que vous parlez? » Il y a des circonstances dans lesquelles on peut décider qui l'on est ou qui l'on n'est pas. Il y a des circonstances particulières qui font que Polo puisse être un Indien, et que je sois mexicaine, mais les conditions qui doivent être réunies pour que ces affirmations soient possibles sont si aléatoires, si rares dans nos vies quotidiennes qu'on peut les considérer comme pratiquement égales à zéro.)

Il existe certains sujets que les intellectuels étrangers peuvent aborder sans crainte d'attirer la foudre sur leurs têtes, avec en priorité : tout ce qui concerne le patrimoine artistique de la ville de Mexico, ses rues porteuses d'histoire, son architecture, ses stars de cinéma ; les antiques civilisations précolombiennes ; les thèmes historiques oubliés, la guerre *cristera*, l'accueil des réfugiés espagnols en exil ; les étrangers célèbres qui sont venus au Mexique comme Tina Modotti, Malcolm Lowry, Burroughs, D. H. Lawrence, Bolaño ; les étrangers un peu moins connus pourvu qu'ils aient dit du bien : Benjamin Péret, Victor Serge, Traven. Et il y a des sujets qu'il vaut mieux ne pas aborder : tout ce qui concerne la ville de Mexico pour initiés, la *lucha libre*, la prostitution, les *cantinas* ; la conquête, en particulier Cortés (ça c'est un cas un peu spécial car les Mexicains et les Mexicaines eux-mêmes ont du mal à être autorisés, ou à s'autoriser, à plonger dans le trou noir, dans le tunnel sans fin, dans la sordide caverne qui s'ouvre en prononçant le nom maudit de Cortés) ; Diego et Frida ; le racisme, le narco, les peuples autochtones contemporains, le zapatisme. Ce n'est pas qu'on ne puisse pas parler de ces sujets. On peut tout ce qu'on veut. Mais on s'y cassera les dents. Ce sera reçu, d'avance, comme : tu parles de quelque chose que tu ne connais pas et que tu ne connaîtras jamais. Parce que, même si tu as étudié le sujet, tu ne peux pas le connaître dans ta chair, il te manquera toujours l'expérience vécue. C'est plus que de l'appropriation culturelle, ce manque de légitimité, c'est une trahison, c'est rompre le pacte tacite qui dit que si tu te mêles d'affaires qui ne sont pas les tiennes, il faut que tu le fasses avec la délicatesse requise, qui inclut le fait de sélectionner tes sujets avec attention (mais en France ou à Tombouctou ce serait pareil, imaginez un Japonais qui se mette à vous raconter l'histoire des camps de concentration français pendant la Seconde Guerre mondiale, les polémiques autour du port du voile à l'école, ou n'importe quel thème un peu complexe ou honteux au lieu de se cantonner à l'influence d'Yves Saint Laurent sur les coupes des jupes, ou à l'universalité de l'œuvre de Baudelaire). Et je me rends compte, au moment où je reçois le commentaire de mon ami, et au moment où j'y réponds, que j'ai choisi ma perspective, la place depuis laquelle je parle, avec la plus grande attention depuis le début : je ne vais pas parler du zapatisme, ni de Marcos, ni de l'extractivisme ou de la discrimination que vivent les Indiens dans le monde actuel. Je ne vais pas m'aventurer sur ce terrain glissant. Ce n'est pas ma place. Ce n'était pas mon but de toute façon. Les Mexicains le feront mieux que moi. Les Indiens le feront mieux que moi. Je ne veux parler à la place de personne. Je ne cherche pas à offenser, ni à provoquer, ni à être subversive ou polémique. J'ai pensé depuis le premier moment de ce texte à rester à la place qui me correspond : Antonin Artaud, Le Clézio, peut-être un peu de littérature de l'exil, une pointe de Maximilien, une pincée de surréalistes. Si j'ai un but c'est aller jusqu'au bout de ma route, moi toute seule, montée sur le dos de mon âne ou même à pied s'il ne daigne pas me porter jusqu'à la fin (car qui pourrait connaître de source sûre les intentions secrètes d'un animal aussi énigmatique?), ou du moins m'en approcher le plus possible. Sans marcher sur les pieds de quiconque. Mais il faut bien que je reconnaisse que je cherche le vrai. Sinon, pourquoi tant de détours, tant de fausses pistes, tant de kilomètres parcourus? Et si feu Marcos croise ma route, ma petite route qui mène à ma petite vérité, qu'est-ce que j'y peux, je ne vais pas faire de recherches poussées sur lui mais il faut bien que je le mentionne, ne fût-ce qu'en tant que fantôme au milieu du sentier, spectre géant, avec une forme de chat-chien, mais si fantomatique qu'il en devient presque transparent et que nous le traversons, sans problème, mon âne et moi, comme s'il s'agissait d'une barrière de fumée.

Ainsi donc, pour reprendre le fil ténu de ces divagations qui cependant parfois devient épais comme une liane, dix ans après ma première tentative d'atteindre La Realidad avec Maga, je suis retournée au Chiapas. Cette fois nous étions en famille, Max, notre fille de deux ans et moi, nous parlions espagnol et on nous attendait. Les zapatistes du sud-est du Mexique, en l'an 2013, nous ont invités à connaître leur monde, nous les profanes, les non-spécialistes, « celles et ceux qui n'avions pas fait d'interview à Marcos, celles et ceux qui n'avaient pas lu Marx ni Gramsci, et aussi celles et ceux qui avaient fait toutes ces choses, parce que pourquoi pas ». Ils et elles avaient décidé d'ouvrir les portes à celles et ceux du dehors qui le souhaitaient, ils nous avaient invités toutes et tous, ce groupe-là, invraisemblable, si varié qu'on ne savait pas par quel bout le prendre ou avec quel adjectif le décrire, et nous finîmes par former un cortège d'environ deux mille personnes. Nous étions une masse atomisée de particules, un mélange qui incluait aussi bien des universitaires inoffensifs que des bêtes furieuses qui voulaient changer le monde à coups de cocktails Molotov, nous étions collectivement les représentants d'une entité qui existe et n'existe pas et qui nous englobait malgré nous : la société civile.

On nous a donné rendez-vous au CIDECI-Unitierra (Centre indigène de formation intégrale – Université de la Terre) dans la périphérie de San Cristóbal et, de là, on nous a répartis en groupes pour aller dans les différents Caracoles qui allaient nous accueillir. Je rêvais secrètement qu'on nous envoie à La Realidad, comme une espèce de revanche sur la destinée. Est-ce que cela aurait prouvé quelque chose ? Sans doute que non. De toute façon, l'organisation des événements n'avait que faire de ma petite métaphore personnelle. Celles et ceux qui venaient avec des enfants, ainsi que les personnes à mobilité réduite ou avec des problèmes de santé ou âgées, ont été envoyés au Caracol le plus proche pour qu'ils n'aient pas à faire les dix heures de bus sur un chemin de terre qu'allaient devoir supporter les étudiants et autres aventuriers plus robustes qui seraient accueillis dans les villages plus loin dans la forêt.

Nous avons fait la queue pour obtenir un passe, pour nous enregistrer, pour qu'on nous donne des livres, pour acheter un truc à manger, pour monter dans le bus. Toute la journée nous avons piétiné dans différentes files d'attente, entre les rires et les discussions animées des participants, dans une ambiance effervescente. On nous a dit que ma fille de deux ans et moi irions à Morelia et que Max, mon compagnon, irait avec un groupe d'étudiants de l'Université Nationale Autonome du Mexique à Oventic. Nous avons fait la queue pour aller négocier avec deux adolescents qui tenaient la table des registres et finalement nous sommes parvenus à rester ensemble. On nous a indiqué un trottoir à la sortie du CIDECI. Nous avons attendu là, adossés à des murets pour profiter d'un peu d'ombre, jusqu'à ce qu'arrivent, dans un nuage de poussière, d'antiques autobus scolaires américains des années 1950 repeints de toutes les couleurs. En sont descendues des jeunes filles cagoulées qui ont crié qu'on devait se dépêcher, mettre les sacs à dos dans le coffre et monter dans les bus, en nous appelant camarades. Il était déjà tard dans l'après-midi, si bien que, quand nous sommes arrivés au Caracol, quatre heures plus tard, la nuit était tombée.

J'imagine que, quand ils nous ont vus descendre du bus, les paysans et paysannes qui nous attendaient, pour leur grande majorité très jeunes, ont dû ressentir quelque chose de similaire à ce que nous avions ressenti le jour où Johnny et les Lakotas sont arrivés dans mon village. Toute proportion gardée, bien sûr, puisqu'il s'agissait là d'un débarquement massif. Nous étions quatre ou cinq autobus remplis, environ deux cents personnes. Et ceux et celles qui nous attendaient à la porte du Caracol devaient être le double ou le triple.

Il faisait nuit, et toutes et tous portaient des cagoules noires et des foulards de couleur leur couvrant le bas du visage. Ils étaient postés devant l'entrée, certainement depuis plusieurs heures, serrés les uns et les unes contre les autres des deux côtés d'un grand portail en bois, parfaitement ordonnés. Ils attendaient en silence que nous descendions des autobus et quand nous avons été prêts, regroupés en une masse compacte, silencieux nous aussi, impressionnés par la mise en scène, par la nuit, par les cagoules, les armes, ils et elles ont commencé à applaudir. Ils ont applaudi et crié des mots de bienvenue, démontrant leur joie de nous accueillir et nous signifiant qu'en dépit de la solennité du moment et de tant de protocoles qui indiquaient bien que c'était du sérieux, cela allait aussi être une grande fête.

On nous a répartis en deux files, femmes et hommes séparément. De leur côté les zapatistes avaient aussi formé deux files. À chaque visiteur et à chaque visiteuse, on a attribué un *votán*, une espèce d'ange gardien, entre professeur, ami, guide de tourisme et surveillant. Aux hommes un homme et aux femmes une femme. Aux enfants et aux bébés, une femme. Quelqu'un a expliqué dans un haut-parleur qu'il s'agissait d'une mesure de sécurité et que nos gardiennes et nos gardiens allaient nous guider dans le Caracol, nous dire ce qu'il était permis de faire et ce qui n'était pas permis, et que les gardiens seraient nos accompagnants pendant les jours que nous passerions dans les communautés, dans les villages. Même les petits enfants avaient un *votán*, afin que les mamans puissent se concentrer sur ce qu'elles étaient venues étudier. On nous a fait passer un par un et on nous a mis face aux jeunes gens de la file des gardiens. Quand notre tour est arrivé, je portais ma fille dans les bras et on m'a demandé de la confier à ceux de sa gardienne. Elle s'est mise à pleurer. Évidemment. Elle a toujours eu un très bon caractère, mais même pour une enfant sociable et bien disposée, arriver de nuit, après un voyage cahotant de quatre heures dans un bus rempli, être mise dans les bras d'une personne inconnue, le visage caché par une cagoule, ça dépassait son seuil de tolérance. C'est ainsi que nous sommes entrées dans le Caracol, moi de la main de ma gardienne, Daisy, une jeune fille d'environ seize ans aux cheveux longs et lisses vêtue de jeans serrés qui a insisté pour porter mon sac, juste derrière Leydi, d'à peu près le même âge, avec les mêmes cheveux longs et un pantalon moulant, qui allait se charger de garder ma fille, la petite en pleurs, réclamant sa maman et me tendant les bras pour que je la reprenne. Moi je cherchais simplement à ne pas perdre la piste des jeunes filles qui nous ouvraient le passage entre des centaines de femmes vêtues de la même manière avec la même cagoule ; tout en marchant avec précaution pour ne pas glisser sur la terre boueuse. Max n'était nulle part en vue. Il a tout de suite été envoyé à un autre endroit. Les jeunes filles me conduisaient à l'entrepôt où nous allions dormir. À peine avons-nous franchi le seuil du Caracol, passé la barrière humaine formée par ceux et celles qui assistaient à l'entrée des futurs élèves de la Petite École de la liberté selon les zapatistes du sud-est mexicain, Leydi m'a rendu ma fille dont les sanglots se sont calmés, sa petite main accrochée fermement à ma chemise. Elle n'a pas voulu aller dans les bras de sa gardienne tant que celle-ci portait la cagoule, ce qui a causé pour la jeune fille un dilemme insoutenable, car il lui fallait obéir aux instructions qui lui avaient été données : s'occuper de la petite du mieux qu'elle pouvait et ne pas s'enlever la cagoule avant le troisième jour. Les zapatistes, femmes et hommes, durant ces premiers jours et durant les autres occasions où j'ai été en contact avec eux, s'efforçaient d'exécuter au mieux des instructions et des accords pris en amont. Dans le cas particulier de la Petite École, le respect des consignes a conduit à la mise en place de scènes un peu comiques, car à chacun et à chacune de nos jeunes à la discipline impeccable, nos *votanes*, avait été attribué un hôte auquel s'accoupler. La majorité des élèves étaient des habitants de la ville de Mexico, quelques Européens et Latino-Américains, c'est-à-dire originaires de cultures viscéralement incapables de suivre des ordres ou des instructions à la lettre. Ainsi, les jeunes zapatistes n'avaient d'autre choix que de les suivre ou de les convaincre de rester tranquilles et d'obéir un peu. On a pu voir sur tout le périmètre du Caracol circuler ces couples de Laurel et Hardy qui ont commencé à installer des hamacs, transporter des sacs d'un endroit à l'autre, chercher un endroit où boire un café, chercher un endroit où laisser des messages aux postes de commandement, chercher un conjoint, un copain, un camarade venu dans un autre convoi. Mais dans l'ensemble, grâce à la patience sans faille des jeunes zapatistes qui accompagnaient leurs hôtes dans leurs impatientes circonvolutions, tout s'est organisé comme prévu. Les élèves finirent par être installés sous différents toits, la plupart à l'air libre, quelques-uns dans des bâtiments fermés, réservés aux femmes avec enfants.

On nous a réunis sur l'esplanade principale pour nous donner le programme des jours à venir : le premier jour serait consacré à des conférences dans le Caracol, et de là on partirait dans des villages partager la vie d'une famille durant trois jours et, au retour, une autre assemblée plénière. On allait nous expliquer comment fonctionnaient les communautés zapatistes, leur système politique, leurs pratiques concrètes de gouvernement, d'éducation, de gestion collective, depuis la formation du mouvement durant les dix années précédant le soulèvement armé, jusqu'à l'époque actuelle, presque trente ans plus tard, avec quelques repères historiques mais surtout un point de vue tourné vers le présent et le futur, avec une vision critique des réussites et des erreurs, et les objectifs à atteindre dans les années à venir. L'air froid et humide qui était descendu sur les forêts à la tombée de la nuit s'était peu à peu étendu jusqu'à nous, mais même ainsi certains sont restés à jouer de la musique et à parler après le dernier discours. J'ai finalement réussi à retrouver Max et Mike, son gardien, un garçon rieur au regard vif. Ils allaient dormir quelque part pas loin de l'esplanade, par terre ou sur des bancs. Et nous sommes reparties, mes deux accompagnantes, la petite et moi, prendre un peu de repos dans notre abri, un grand hangar où des planches étaient accommodées au sol et où chacune avait installé ses affaires, ses couvertures, ses sacs de couchage. Nous nous étions fait un lit de camp de fortune, et je me souviens que la petite s'est endormie très vite dans mes bras.

Le lendemain Leydi avait résolu son dilemme, ou elle avait peut-être parlé avec une autorité. Elle s'est découvert le visage et a ainsi pu promener la petite fille contente toute la journée parmi ses copines. Elle allait de l'une à l'autre leur montrer la fillette comme si elle avait gagné le gros lot à la loterie d'attribution des visiteurs la veille. Ma fille avait à peine deux ans mais elle était déjà habituée à ce que des personnes inconnues lui touchent les cheveux, les bras, le visage, qu'elles sortent un téléphone pour la prendre en photo. Elle en profitait pour aller de bras en bras, demander des bonbons ou des chips, jouer avec les tresses des jeunes filles. Quand elle en avait assez, elle le faisait comprendre en refusant de se laisser porter et Leydi devait alors la laisser courir derrière les autres enfants dans la terre poussiéreuse.

(Ma fille est mexicaine. Elle est née à Arocutín, dans le Michoacán, une nuit d'hiver de 2011. Elle a été reçue par une sage-femme traditionnelle purépecha qui a coupé son cordon et a fait sur son corps des signes de croix pour la semi-baptiser et qu'elle n'aille pas en enfer si elle mourait avant d'avoir atteint l'âge d'accomplir ses sacrements. La sage-femme l'a ensuite emmaillotée dans des draps et me l'a tendue, sans la frotter avec de l'alcool comme elle avait coutume de le faire car nous nous étions entendues sur ça à l'avance et que j'avais insisté. Nous vivions dans une espèce de petite communauté. Une heure après sa naissance, les voisins, qui savaient que l'accouchement avait lieu cette nuit-là et s'étaient préparés à nous aider en cas de nécessité, sont venus lui souhaiter la bienvenue. Roberto, un ami qui faisait partie du *Camino rojo*, un culte spirituel inspiré des anciennes traditions mexicas, lui a chanté un chant en nahuatl et c'est le premier chant humain qu'elle a entendu. J'ai eu beau essayer de lui enseigner le français depuis qu'elle était petite, elle voulait parler la langue de son entourage et ne voyait pas la nécessité de mettre de l'énergie dans une langue qu'elle ne pouvait utiliser qu'avec ses parents. Elle a parlé espagnol en premier. Quand elle a commencé à parler français plus tard, elle le faisait avec l'accent de sa région de naissance. Enfin, à quoi bon raconter tout ça. Elle a la peau blanche, les cheveux blonds, des yeux de couleur comme on dit ici, et dans de nombreuses circonstances de la vie, que ça lui plaise ou non, c'est ce qui la définit.)

((Je ne vais quand même pas me plaindre, je n'en ai pas le droit, ce serait tellement injuste je le sais bien. Être blanche est un privilège dans ce monde. On ne peut pas se plaindre d'un privilège. Et cependant, il faut bien considérer qu'il y a des moments où le privilégié n'aime pas la place qu'on lui a assignée, sur son piédestal qui domine les autres mortels. Les œuvres complètes de Le Clézio montrent avec une constance hors du commun le caractère tragique de cette assignation : pour le dominant, l'Homme Blanc de Classe Moyenne Occidental, qui ne souhaite pas être dominant, il n'y a pas un seul recoin sur terre où se cacher. Tout est fait à son image : depuis la conception des objets d'utilité quotidienne jusqu'aux représentations imaginaires, les livres, les armes, le langage, les lois, les normes, l'histoire, les pratiques de la médecine, de la sexualité et de l'art, tout est fait à la mesure de cet ogre dont les mains sont depuis sa naissance tachées de sang, toujours prêtes à détruire, à écraser, à asphyxier, même quand elles se tendent dans un geste qui semble offrir de l'amour. *Est-ce ma faute si je suis de la race des voleurs ?* Il m'est arrivé, dans des bars, que des serveurs me servent en premier alors que j'étais assise à côté d'un Arabe qui était entré avant. Quand je regarde des films, ou des annonces publicitaires, ou des gens de pouvoir qui parlent de l'avenir de la planète, je peux reconnaître mon profil génétique dans leurs traits. La police de Détroit ou de Paris ne m'arrête pas en raison de ma couleur de peau. Je suis blanche, mais je suis aussi femme. J'ai donc eu ma part d'expérience de la violence systémique. J'ai été violée, ma voix a été réduite au silence, mon travail a été ignoré ou déprécié, tout ça en raison de mon genre. J'ai donc connu deux types de honte, celle d'être humiliée en tant qu'inférieure, et celle de me sentir humiliée par ma position de privilégiée. On ne peut comparer ni les violences ni les hontes, mais ce que je sais c'est que dans aucun des deux cas je ne suis contente de ma place et ne compte m'en satisfaire. L'humiliation me limite, elle m'empêche une communication authentique avec les autres, elle me condamne à être quelqu'un que je ne souhaite pas être.))

Le premier jour a été consacré à des conférences où on nous a expliqué de manière concrète comment les zapatistes s'organisent pour que ce soit « le peuple qui commande et les gouvernants qui obéissent » et pas l'inverse. Depuis trente ans, dans une région grande comme la Belgique, une forme inédite de démocratie participative a été mise en place, de manière empirique, fluctuante, qui cherche à s'adapter sans cesse. On nous détaille le fonctionnement des Assemblées où se prennent toutes les décisions collectives, les *Juntas de Buen Gobierno*. Il n'y a pas d'élection, ni de programme politique, ni de partis, ni de dépenses extravagantes pour des campagnes électorales. Chaque personne, homme ou femme, jeune ou vieux, peut être appelée à participer aux Assemblées. Si c'est son tour, quand la saison des réunions arrive, elle quitte sa communauté, son village, pour le temps imparti et s'installe dans le Caracol de sa région afin d'adopter, avec les autres, des accords sur les sujets les plus variés. Quand les réunions se tiennent loin du lieu de vie des participants, ils doivent rester pendant des jours ou même des semaines sur place. Il leur faut parfois se mettre d'accord avec d'autres zapatistes qui parlent une langue différente de la leur. Ici se retrouvent des gens parlant tzotzil, tezltal et tojolabal. L'espagnol est utilisé comme *lengua franca*, et des interprètes bilingues sont toujours présents pour aider ceux qui ne le parlent pas. Les réunions peuvent durer plusieurs jours. Quand les femmes quittent leur foyer pour y participer, leur charge de travail retombe sur les autres membres de la famille. Les hommes se mettent à faire à manger, à confectionner les tortillas, ces galettes de maïs qui constituent la base du repas un peu comme le pain chez nous. C'est ce qu'on nous dit dans les présentations auxquelles on assiste le premier matin, et c'est aussi ce que raconte le manuel qu'on nous a distribué à San Cristóbal et qu'on doit étudier dans nos moments libres de l'après-midi et de la soirée. Toutes et tous doivent pouvoir tout faire, pour que toutes et tous participent aux décisions politiques du groupe. On nous explique aussi comment fonctionnent le système éducatif, le système de santé, comment sont prises les décisions de justice, comment les communautés organisent leurs relations avec les instances situées hors de leurs territoires et sur le terrain de la politique qui régit l'État du Chiapas et le pays. Comment s'organise le travail sur les terres collectives ? Que font les jeunes qui veulent faire des études qui ne sont pas couvertes par les programmes proposés dans les écoles zapatistes ? Qu'est-ce qui se passe quand quelqu'un commet un crime dans une communauté ? Lisez le manuel et vous trouverez la réponse, il est toujours en accès libre sur Internet.

On pouvait poser des questions à nos *votanes*, qui essaieraient de nous répondre de la manière la plus précise possible, et si on avait des questions auxquelles ils et elles ne pouvaient ou ne souhaitaient pas répondre, elles seraient inscrites sur une liste que nos gardiens feraient passer à l'Assemblée et les réponses seraient données à la fin du séjour.

Le jour suivant, nous partons dans les villages où des familles se sont préparées à nous recevoir. Au début on nous a dit qu'on allait nous séparer Max et moi. Nous insistons pour rester ensemble. Nous comprenons que la logistique pour organiser tout ça est très complexe et que les désirs particuliers de chacun ne peuvent pas être pris en compte, mais nous essayons quand même. À la fin, ils trouvent une famille qui veut bien nous accueillir tous les six. Ce sont les familles qui prennent en charge les personnes accueillies et fournissent la nourriture de ces journées. Leur générosité est immense, à elle seule elle est déjà une leçon de vie pour des gens comme nous qui n'avons pas une telle aptitude à l'hospitalité. Elles nous reçoivent dans leurs maisons, nous font à manger, prennent le temps de nous montrer leur vie quotidienne, comme si nous faisions partie de la famille, comme si nous étions des invités importants. Nous nous déplaçons en minibus collectif jusqu'à un village à une heure du Caracol, dans une zone qui est à moitié zapatiste, à moitié PRI, le parti institutionnel qui a gouverné le pays pendant soixante-dix ans. Le village lui-même est divisé en deux, ce qui complique fortement l'organisation des habitants. Il s'appelle 20 de Noviembre ou 5 de Mayo ou 15 de Septiembre ou Lucio Cabañas.

Les hommes accompagnent les hommes dans leurs travaux aux champs et dans la forêt. Nous, les gardiennes, la petite et moi, restons avec les femmes. Ce sont des expériences très différentes, et pas seulement en ce qui concerne l'assignation des tâches. Les hommes sont volubiles, ils sont fiers de montrer leurs terres, leurs cultures, leurs ateliers, ils jouent à mettre les nouveaux arrivants à l'épreuve, ils veulent montrer leur force, leur connaissance du terrain. Le grand-père de la famille raconte comment le mouvement a commencé, longtemps avant le soulèvement. Il parle de débuts balbutiants de révolte, dans les années 1950 ou 1960, quand il était très jeune et que des hommes se réunissaient en secret dans des clairières au cœur des bois pour organiser la résistance contre les patrons, les propriétaires terriens qui exploitaient la force de travail de tous les Indiens qui n'avaient pas de terrains à eux. Ils étaient sans terre, sans droits, sans dignité. Tout ça, tout ce qu'ils ont aujourd'hui, ils l'ont conquis. Les hommes jeunes parlent de politique avec Max, ils posent des questions sur le Pays basque dont il est originaire, ils comparent les luttes, les contextes historiques, les questions de langue native et de langue imposée. Tous les hommes, même le grand-père, ont été à l'école.

Aucune des femmes de la famille ne sait lire ni écrire. Seules les gardiennes ont été scolarisées. Les femmes de la famille parlent peu espagnol et sont très réservées. Elles ne veulent pas que nous les aidions à la cuisine, mais Daisy et Leydi insistent : on leur a dit que cela devait être ainsi. L'idée est que nous participions aux tâches quotidiennes et que nous puissions poser des questions, que nos *votanes* traduisent, aux femmes de la famille. Nous essayons. Je cherche des questions qui ne seraient pas trop incommodes, mais je me rends compte que toutes mes questions sont incommodes. Je demande aux femmes combien elles ont d'enfants et elles me mentent. L'une dit qu'elle en a deux et que sa sœur en a deux aussi. Mais ensuite la sœur vient nous rejoindre dans la grande pièce enfumée où on fait la cuisine et dit qu'elle en a quatre, et une autre femme me dira plus tard au détour d'une conversation qu'elles en ont quatre chacune. La famille a deux maisons, deux lieux de vie, de chaque côté de la route. Un groupe d'enfants court librement de l'une à l'autre, joue dans les cours des maisons, nous regarde de loin et finit par s'approcher. Ils veulent toucher les cheveux de la petite blonde qui leur rend visite. Ils lui donnent une mangue à sucer, des petites voitures, un bonhomme en plastique. Ils lui donnent une machette pour qu'elle essaie de couper un bout de bois. Les femmes regardent en souriant. Aucune d'entre elles ne leur enlève la machette. Je tiens une minute, deux minutes, après ça je trouve une excuse pour éloigner ma fille de cette lame de métal aiguisée et rouillée. Il faudrait que je les éloigne tous de cette machette, mais je ne veux pas être importune. Je demande si de temps en temps les hommes aident à la cuisine, s'ils savent faire des tortillas. Elles me disent que oui, que non. Elles rient. J'essaie de poser quelques questions à Daisy et Leydi. Si elles utilisent un moyen de contraception, si les femmes peuvent faire des études supérieures, qu'est-ce qui se passe quand il y a de la violence dans une famille. Elles me disent qu'elles boivent des tisanes de plantes pour ne pas tomber enceintes. Que les femmes d'aujourd'hui n'ont qu'un enfant ou deux. Qu'elles ne tombent pas enceintes avant d'avoir vingt ans. Qu'elles font des études tout autant que les hommes. Elles ont les mêmes droits. Il n'y a pas de violence intrafamiliale car l'alcool est banni.

Elles récitent le manuel. J'arrête de poser des questions. Je vais plutôt à la cuisine et j'apprends à faire des tortillas.

Il m'est arrivé quelquefois d'aider à aplatir les petites boules de pâte entre les paumes de mes mains pour faire les galettes qui accompagnent chaque repas. Je me dis que ça devrait aller, mais, bien sûr, quelques jours de pratique ne suffisent pas pour maîtriser un art comme celui-ci, qui se peaufine chaque jour depuis l'adolescence, un art qui vous oblige à vous brûler le bout des doigts pour retourner la galette quand elle est chaude, qui vous fait respirer la fumée de l'âtre pendant des années, qui vous attache au pied du foyer plus sûrement qu'une chaîne. Mes grosses crêpes aux formes biscornues font rire tout le monde. Il est clair pour ces femmes que je suis une nantie, que j'achète les tortillas au magasin tous les matins. Je ne peux pas démentir.

Je participe aux tâches. Les femmes m'amènent à leur potager qui est un peu en dehors du village. Nous travaillons la terre et plantons quelques graines de salades, épinards et carottes. Le travail est dur, mais je suis originaire de la campagne, je sais bêcher un champ, et ça les tranquillise. Elles ont l'air de m'oublier un peu. Elles conversent joyeusement dans leur langue en travaillant. Une des femmes m'est sympathique, elle me regarde sans rien dire de ses yeux mystérieux et sombres, reste souvent près de moi, me parle un peu plus que les autres. Elle s'appelle María, elle a mon âge à peu près, dans les trente-cinq ans. Je ne demande pas combien elle a d'enfants, mais son corps me dit qu'elle en a plusieurs. Elle est belle. Elles le sont toutes. Peau cuivrée, paupières aux longs cils, petites, menues, avec des mouvements doux et graciles. Les joues de María sont rosies par le soleil et rosissent encore plus de timidité quand elle parle. Même s'il lui manque une dent, son sourire est celui d'une déesse.

Ils font tout à la main. Ils n'ont pas de machine pour labourer les champs, ni d'appareils électroménagers évidemment, à part un petit frigo. Ils font tremper les grains de maïs dans un mélange d'eau de chaux et le lendemain il faut les moudre à la maison, chaque matin avant le lever du soleil, pour avoir de quoi faire les tortillas des repas du jour, avec un moulin manuel qu'on me laisse manier un moment avant de me remplacer par une jeune fille de treize ou quatorze ans bien plus efficace que moi. Elle a l'habitude, elle fait ça tous les matins et elle le fera jusqu'à ce qu'une sœur plus jeune prenne la relève. Ils produisent tout eux-mêmes, pratiquent le troc, n'achètent pratiquement rien. Du shampoing, du dentifrice, du Coca. Une après-midi, nous allons à la rivière nous baigner. Les femmes se baignent avec leurs habits et se lavent les cheveux dans la rivière. Encore une fois pendant ce séjour, je pense à mon enfance. Je pense à mes sœurs, aux soirées d'hiver où on se coiffait les unes les autres longuement après s'être lavé les cheveux dans une bassine en partageant l'eau chaude. Elles ont de très longues chevelures noires qui dansent dans l'eau comme des algues. J'ai pris un peu de démêlant, comme toujours quand je voyage parce que mes cheveux s'emmêlent beaucoup quand je ne les peigne pas suffisamment et que je dors dans des bus ou des endroits comme ça. Elles n'en ont jamais utilisé. Je leur en donne un peu, pour qu'elles essaient. Ça leur semble génial. Pour elles, je suis une visiteuse de la planète Mars, et elles s'intéressent aux objets que je porte avec moi. Le sac à dos, le couteau. Le démêlant est mon walkman. Comme quand Johnny est venu dans mon village, j'utilise de manière naturelle quelque chose qui à elles leur semble très moderne. Nous lavons le linge à la main, dans la rivière, avec de la lessive en poudre. On rit, on discute, et le temps s'en va au fil de l'eau. Il y a quelque chose de beau à s'appliquer à frotter des taches sur un tissu jusqu'à ce qu'elles disparaissent, en papotant avec les amies, une beauté simple que j'ai presque oubliée tellement c'est lointain, qui me rappelle les travaux domestiques de mon passé (tâches que j'ai haïes, auxquelles je n'ai donné de l'importance et de la valeur que très longtemps après), mais je sais qu'elles préféreraient avoir une machine à laver comme j'en ai une moi-même, et ça me semble normal et légitime. Leur liberté a un prix, et c'est justement celui-là : ne dépendre de personne ni de rien d'autre que de leur travail, de leur effort, de leur volonté. Il ne s'agit pas de vivre en autarcie, car les zapatistes sont conscients de la nécessité des interdépendances. Il s'agit de conquérir sa propre liberté. *La tierra es de quién la trabaja.* La terre est à qui la travaille, ce premier mot d'ordre du zapatisme historique. Terre et liberté. Je comprends comment dans leur quotidien ils et elles ont conquis leur autonomie : à la force du poignet. Je comprends que l'autonomie n'est pas une façon de manier des concepts, c'est une culture, dans le sens profond que nous avons déjà évoqué, celui de l'effort pour cultiver la vie.

Le matin suivant nous allons chercher du bois. Il faut marcher assez longtemps, car la forêt n'est pas proche de la maison. Nous coupons des branches à des arbres secs abattus. Nous faisons des tas avec notre bois. Afin de pouvoir les porter sur le dos, les femmes attachent tous les bouts de bois ensemble avec des cordes et des foulards. Nous chargeons les fagots et nous mettons en route. Il nous faudra faire une pause pour récupérer des forces et poser un peu à terre nos chargements qui nous scient les épaules. En reprenant notre souffle, nous regardons le paysage alentour, les montagnes silencieuses, d'un vert presque bleu. Quelques nuages chargés passent au loin mais la pluie ne menace pas encore. Un grand oiseau solitaire vole en cercles au-dessus de nous.

« Tu dois avoir une vie intéressante », me dit María. Et derrière ce commentaire, j'en entends d'autres qu'elle ne fait pas.

Les après-midi, pendant une heure ou deux, les jeunes filles vont promener notre fille pour nous laisser le temps d'étudier le manuel, un livre regroupant des témoignages et des récits de zapatistes qui racontent comment cette lutte se passe pour eux dans différents contextes, ce que ce choix signifie pour leur vie de chaque jour. Dans les semaines qui suivront le voyage, je le relirai entièrement, puisque la mission qui sera la mienne dans notre collectif de sympathisants du Michoacán, ce sera l'explication de texte. Le fond et la forme. Je suis la littéraire du groupe, c'est souvent à moi qu'on demande ce genre de chose. Je le fais volontiers, je suis imbattable en commentaire composé. Nous étudierons le manuel, ce que racontent les zapatistes de leur autonomie, leurs réussites et les défis qui les attendent, et nous étudierons la manière qu'ils et elles ont de raconter, de mettre des mots sur leur expérience car tout cela nous intéresse de manière personnelle, au-delà de la curiosité pour un mouvement qui est entré dans l'histoire, car nous voulons trouver des éléments que l'on pourrait transposer dans nos propres luttes. (Et le message est très clair : nous avons été invités au Chiapas pour étudier et ensuite retourner chacun et chacune dans nos lieux d'origine pour partager ce que nous avons vécu avec celles et ceux qui n'ont pas pu se déplacer. Les luttes, comme la terre, comme les rues, sont à ceux qui les travaillent. Personne ne pourra détenir la vérité ultime sur la réalité zapatiste, ni les spécialistes ni les touristes, ni les Mexicains ni ceux de l'étranger. La vérité sera une mosaïque de la multitude d'expériences et d'interprétations mises côte à côte, et elle croîtra comme une plante dont on a bien arrosé la graine, ou elle périra, c'est selon.)

La dernière après-midi dans la maison de la famille qui nous accueillait à 20 de Noviembre, je ne pouvais pas me concentrer. Ma fille n'avait pas l'air bien et cela m'inquiétait. Elle ne mangeait presque rien. Comme on nous avait demandé de ne rien apporter en dehors du strictement nécessaire pour ne pas charger de poids supplémentaire dans les bus et ne pas créer de jalousies dans nos familles d'accueil, j'avais juste pris un litre de lait pour elle et, au troisième jour, il n'y en avait plus. Elle n'aimait pas le *pozol* qu'on nous donnait à boire le matin et je n'ai pas voulu la forcer. J'ai insisté un peu parce que je ne voulais pas que nos hôtes nous voient comme des gens exigeants et incapables de s'adapter. Le *pozol* est une drôle de mixture : trop épais pour être une boisson mais trop liquide pour être de la nourriture, ni sucré ni salé, avec une odeur douceâtre de maïs grillé, entre le jaune et le beige, avec des grumeaux de pâte flottants et un résidu solide au fond du bol qu'on doit remuer pour le boire avec le reste. C'est rafraîchissant et nutritif, et au bout d'un moment on s'habitue à sa saveur âpre, mais ma fille était comme Alexandra David-Néel la première fois qu'elle a dû boire du thé au beurre rance dans les montagnes du Tibet, l'éducation et la peur d'offenser en moins, et elle a fait ce qu'il lui a semblé le plus logique : elle a tout recraché. C'est ainsi qu'au bout du troisième jour nous avions terminé le lait et que la petite ne voulait rien d'autre. La famille n'avait pas de vache. Dans l'épicerie du village, il n'y avait que des sodas, des paquets de gâteaux et des chips. Max et moi avons discuté de la manière de nous procurer du lait sans déranger la famille. Nous avons fini par leur demander où en trouver. Le grand magasin, ou moyen magasin, se trouvait à plusieurs kilomètres. Nous ne devions pas sortir de la maison, les instructions étaient formelles. Il a donc été décidé d'envoyer un adolescent faire cette course. J'ai donné un billet au garçon pour payer le lait et, malgré l'interdiction de donner quoi que ce soit aux familles, je lui ai demandé qu'il prenne quelque chose en plus pour la cuisine. Il est parti un bon moment, je ne sais pas s'il a pris le bus ou s'il y est allé à vélo ou peut-être même à pied. On nous avait bien dit que le magasin était loin.

Je me souviens que quand il est revenu nous avons fait chauffer le lait et que je l'ai donné dans un biberon à ma fille qui s'est endormie tout de suite, heureuse comme tout. J'étais reconnaissante, soulagée et un peu honteuse d'avoir demandé un service qui relevait de notre confort à cette famille qui ne connaissait aucune forme de confort. Mais cette fois le bien-être de ma petite est passé en premier. Avec l'argent qui restait après avoir acheté le lait, le garçon avait ramené du sucre, de l'huile, de la mayonnaise et deux énormes bouteilles de Coca-Cola. Plus tard dans l'après-midi nous nous sommes tous réunis pour un repas qui serait le dernier ensemble. Ils avaient tué des poulets et cuisiné un festin. Nous avons bu du Coca et nous avons parlé et ri, la petite endormie dans mes bras, tous un peu honteux, moi pour le lait, eux pour le Coca, mais avec un soulagement et une joie dans lesquels ces petits luxes avaient quelque chose à voir, tout comme la dissipation naturelle des demi-mensonges qui nous empêchaient de les savourer pleinement.

    Après la Escuelita, nous sommes retournés à San Cristóbal. Nous avons passé quelques nuits dans un hôtel. Nous étions fatigués, mais je voulais quand même aller voir Bárbara. Je voulais lui raconter l'expérience que nous venions de vivre, savoir ce qu'elle en pensait, et avoir des nouvelles de sa vie. Je lui avais envoyé des mails mais elle n'y avait pas répondu. Nous sommes allés à pied jusqu'à la grande maison. Elle y vivait toujours et nous a accueillis à la porte. Le patio était rempli de chiens. Ils n'étaient plus cinq ou six comme la dernière fois mais une quinzaine ou plus. Bárbara avait l'air contente de me revoir, de rencontrer Max et notre fille, mais elle était occupée à mille choses. La famille de Guillermo était, parmi d'autres thèmes, un sujet de préoccupation. C'était des Tzotziles bien placés dans la hiérarchie sociale de leur village, et ils n'aimaient pas que Bárbara soit originaire de la ville de Mexico, ils n'aimaient pas sa couleur de peau, ni sa manière de parler, ni son âge. Elle avait en effet une quinzaine d'années de plus que son fiancé. Ils la toléraient, puisqu'ils ne pouvaient rien faire pour empêcher la relation, mais ils refusaient de la reconnaître comme la compagne de leur fils, alors que cela faisait plus de dix ans qu'ils étaient ensemble. Et elle, ça la mettait hors d'elle, et ça lui faisait de la peine. Qu'est-ce qu'il fallait donc faire de plus pour être acceptée ? Le groupe de rock faisait son chemin, gagnant en notoriété et en maturité musicale. Mais la réussite avait aussi ses côtés sombres, avec des disputes entre groupes, des jalousies, des rancœurs. Et en plus, un de ses bons amis venait de mourir, un poète, et personne n'était capable de lui organiser un hommage digne de ce nom, si bien que c'était Bárbara qui s'occupait de tout, organisant un enregistrement de ses poèmes avec accompagnement musical, une fête, un récital. Tout le temps que nous avons passé avec elle dans la maison, les chiens n'ont cessé d'aboyer et de courir dans la cour, faisant tomber des pluies de fleurs de bougainvillées, le bruit couvrant nos paroles et effrayant la petite qui restait blottie contre nous. Nous sommes repartis assez vite, Bárbara promettant de nous rendre visite bientôt dans le Michoacán, sans avoir eu l'occasion de parler de la Escuelita, mais j'ai bien vu dans son sourire qu'elle continuait à penser que nous ne comprenions rien à rien.

Quelques mois après la Escuelita, en mai 2014, mes amies du collectif zapatiste de la ville de Morelia nous avaient invités à un concert pour collecter de l'argent afin de financer un voyage de dernière minute au Chiapas. On les avait convoquées de manière un peu mystérieuse, sans dire clairement de quoi il s'agissait. En général, les événements étaient annoncés longtemps à l'avance, car les zapatistes savent qu'il est compliqué d'organiser des voyages au Chiapas pour les comités des régions lointaines. Mais les camarades ne se sont pas découragées, elles se sont mobilisées pour obtenir l'argent à temps. Elles ont organisé un bazar, vendu des tee-shirts et du café, quelqu'un a joué de la guitare, une autre a récité des poèmes, et le groupe a récolté l'argent nécessaire. Trois des jeunes les plus engagés ont pris le bus pour assister à la réunion convoquée par les bases de soutien et le commandement de l'EZLN. Une vingtaine d'heures de bus plus tard, ils arriveraient à La Realidad, où ils assisteraient, au milieu de membres d'autres collectifs venus de tout le pays, de zapatistes de différentes zones du Chiapas et d'un nombre important de journalistes, à une longue prise de parole du sous-commandant Marcos qui serait sa dernière allocution publique. Il y a d'abord eu un hommage à un compagnon de lutte qui venait d'être assassiné. On leur a expliqué que ce qui allait se passer maintenant avait été préparé de l'intérieur depuis longtemps, et que la mort de Galeano était l'occasion de mettre des mots sur une mutation en cours et d'avoir l'aval de tous pour la poursuivre. C'était aussi le moment de célébrer l'adieu de Marcos, qui ne disait pas vraiment adieu mais se transformait, comme s'il n'était pas un être humain mais un principe chimique.

Rien ne se perd, rien ne se crée, tout se transforme.

Il allait se transformer en Galeano, prendre son nom et sa mort pour qu'il ne soit pas mort en vain. Et on lui substituerait Marcos, dont on souhaitait se défaire car il avait fait son temps.

Avant que nos camarades de Morelia ne soient revenus nous raconter ce qu'ils avaient vu, les journaux avaient déjà publié des articles. La presse a interprété cette nouvelle de différentes manières. Selon la gauche il s'agissait d'une continuité dans une lutte inventive, et d'une page qui se tournait, Marcos ayant su reconnaître la nécessité de laisser place à la relève générationnelle. Et on saluait sa trajectoire avec lyrisme et nostalgie :

Les arguments pour expliquer et justifier la déclaration de non-existence du sous-commandant Marcos, impeccables du point de vue de la logique de la décision, dûment pesée par la direction politique de l'EZLN, laissent néanmoins un sentiment d'absence, d'éloignement pour le camarade qui, bouffon ou pas, sera toujours une référence d'un révolutionnaire qui ne s'est pas vendu, qui ne s'est pas rendu et qui n'a pas abandonné, et qui, j'en suis sûr, continuera à faire son travail, qui qu'il soit et où qu'il se trouve. (Gilberto López Rivas, *La Jornada*, 30 mai 2014.)

Pour la droite, Marcos était mort depuis longtemps, et il ne s'était rien passé de notable au Chiapas ce soir-là, ni d'ailleurs depuis 1994 :

Le personnage du sous-commandant Marcos a été dévoré par sa propre gloire. De revendication historique justifiée et nécessaire en faveur du Chiapas, il est devenu un dieu de chair et de sang qui a fait de sa propre louange sa tactique de survie ; l'humilité des collines s'est muée en une arrogance d'encre et de salive capable de crucifier quiconque se dressait devant lui ; le Marcos crédible s'est transformé en Marcos pétulant. Il a alors commencé à perdre ses partisans, sa présence et sa crédibilité. Et avec ce Marcos – le Marcos arrogant et pétulant – Guillén Vicente a tenu sa promesse : quand il ne sera plus un instrument utile pour les communautés, Marcos devra mourir. Et c'est pour cela qu'il l'a tué.
(Martín Moreno, Excelsior, 27 mai 2014.)

Compte tenu de la partialité de la presse mexicaine, pour avoir des nouvelles de ce qui s'était vraiment passé, il valait mieux attendre que les camarades reviennent et que les propos de Marcos soient publiés sur les réseaux sociaux. Comme vous pouvez l'imaginer, le discours était long et fleuri, plein d'énumérations rhétoriques (listes qui génèrent de l'émotion par accumulation de sens), d'humour noir et de mélancolie. Comme vous pouvez l'imaginer, ce fut à mon tour de coordonner l'explication de texte lors d'une réunion du collectif à laquelle les jeunes qui étaient allés au Chiapas partageaient leurs impressions. Nous avons conclu qu'avec la transformation de Marcos, une nouvelle période s'ouvrait pour l'interface des communautés zapatistes avec la société civile, mais qu'en fin de compte rien de vraiment important ou fondamental n'avait changé, que tout restait pareil et que la lutte serait la même pour les années à venir. *C'est le chat-chien, et non le cygne, qui va maintenant chanter le chant d'adieu. Et à la fin, ceux qui comprennent sauront que celui qui n'a jamais été n'est pas parti, et que celui qui n'a pas vécu ne meurt pas.* (Discours intitulé « Entre la lumière et l'ombre », mai 2014, Sous-commandant Insurgé Galeano.)

Se convertir en un fantôme de son vivant me semble être une bonne fin, une fin raisonnablement forte et/ou heureuse. Mais ce n'est pas la fin, et certainement pas celle de mon histoire qui n'a pas grand-chose à voir avec Marcos, comme je l'ai dit, ni avec sa vie, ni avec sa mort ou sa résurrection sous la forme du camarade ou du mort ou du zombie Galeano. Je n'ai pas l'intention de parler du zapatisme ou des zapatistes, il y a de très bons livres sur le sujet, et il y en a aussi de mauvais pour ceux qui préfèrent, écrits de l'extérieur et de l'intérieur, par des gens mieux informés et plus mexicains. De quoi diable est-ce que je veux parler alors ? Je veux refaire le chemin du voyage raté vers La Realidad, je veux toucher à nouveau ce point culminant où l'altérité radicale s'est manifestée à moi dans toute sa splendeur et sa pathétique banalité, dans son irrémédiable et fatale indifférence. Je veux monter une dernière fois dans ce train fantôme, faire un petit tour avant de repartir, cela ne devrait pas être si difficile.

Rencontres de femmes qui luttent (idées post-conçues)

Quelques années plus tard, je suis retournée au Chiapas, avec ma fille à nouveau, mais Max n'est pas venu, parce qu'il n'était pas invité, ni lui ni aucun autre homme, qu'il soit « bon ou mauvais ou sans remède » disait le communiqué qui annonçait l'événement.

À cette première Rencontre internationale des femmes en lutte, je suis allée encore une fois sans l'avoir prévu. J'ai suivi un groupe d'amies sans trop savoir où j'allais. Certaines d'entre elles étaient féministes et militantes depuis longtemps, mais d'autres découvraient la lutte pour les droits des femmes ces dernières années avec ce qu'on appelle la quatrième vague, ou la vague verte, et que beaucoup d'entre elles n'appelaient par aucun nom mais qui les a submergées comme tant de milliers d'autres en Amérique latine. C'est une vague qui vient de loin, qui a commencé sous terre il y a des siècles et qui peu à peu se soulève dans un cri furieux. Au Mexique on compte plus de trois mille féminicides par an, manifestation la plus extrême d'une violence omniprésente. De nombreuses revendications se cristallisent autour de la lutte pour la légalisation de l'avortement, qui a été obtenue en 2007 dans la ville de Mexico mais pas dans le reste du pays. Quand les femmes zapatistes ont lancé leur invitation, nous l'avons reçue comme une incitation à nous rencontrer, à nous connaître et à faire converger nos combats.

Cette fois, ma fille avait six ans. Mes amies sont allées jusqu'au Chiapas dans un bus que plusieurs collectifs de la région avaient loué ensemble, avec un chauffeur. Le voyage allait être long et possiblement dangereux par endroits. Pour plus de sécurité, elles ont voyagé en caravane avec d'autres bus pour traverser certaines zones du pays. Je ne suis pas allée avec elles, j'ai pensé que plus de vingt heures de voyage c'était beaucoup pour la petite. J'ai trouvé un billet d'avion de Mexico à Tuxtla Gutiérrez dont les dates correspondaient plus ou moins avec celles de la rencontre et qui nous feraient passer quelques jours à San Cristóbal.

Au début je n'ai pas vu le rapport entre cette invitation et celle de la Escuelita. Je l'ai interprété dans le sillage de ce qu'il était en train de nous arriver au Mexique à ce moment-là avec la *Marea verde*, ce que l'on rêvait de voir ainsi, un raz de marée féministe qui espérait changer la société pour de bon. Mais je me suis rendu compte, en me préparant pour le voyage, que la proposition des zapatistes répondait justement aux questions qui étaient restées en suspens après la Escuelita, ou, si elle n'y répondait pas directement, elle semblait correspondre aux interrogations qui, en ce qui me concernait, avaient à voir avec la condition des femmes dans les communautés autonomes. Je me demandais si la liberté anticapitaliste selon les zapatistes permettait vraiment une émancipation des femmes ou si, au contraire, elle passait par une sorte de régression, se construisant encore une fois au prix de l'exploitation et de la domination de genre. Le capitalisme, sans le vouloir ou en le voulant, a pu participer d'une certaine manière à l'émancipation : dans sa nécessité de disposer de la force de travail des femmes, il a créé les conditions pour qu'elles puissent s'éloigner des tâches du foyer et du soin des enfants. Il leur a donné à choisir si elles voulaient être à la maison ou travailler, avoir des enfants ou ne pas en avoir, choisir combien en avoir, les allaiter ou pas, les élever chez soi ou les envoyer à l'école. Les avancées techniques et sociales ont permis ces libertés : la pilule, le droit à l'avortement sans risque, la planification familiale, les garderies, le lait en poudre. Tout ça, répondent les marxistes, pour qu'elles puissent remplir les tâches subalternes et moins bien payées que les hommes, dans des entreprises qui détruisent l'environnement et épuisent les corps jusqu'à la mort. Le problème consiste donc à trouver la manière de rejeter le capitalisme néolibéral avec sa charge de violence, ses logiques de domination et de destruction sans avoir à retourner aux conditions d'esclavage du passé. Chacun depuis sa tranchée.

Nous étions nombreuses à avoir compris ainsi l'invitation des zapatistes, comme un appel à la mise en corrélation des luttes, à la recherche de fronts communs. D'ailleurs il n'était même pas nécessaire de se considérer comme féministe pour aller à la rencontre, se considérer simplement comme une femme qui lutte était suffisant, et avoir envie d'échanger et d'apprendre. L'invitation était ouverte à toutes les propositions. Quelques semaines avant la rencontre, on pouvait écrire pour proposer un atelier, une table ronde, une conférence, un événement, et un petit comité de bénévoles s'est chargé d'établir un programme et des emplacements pour tout ça, afin que les activités s'organisent sur les trois ou quatre jours impartis dans l'espace que je connaissais déjà, celui du Caracol de Morelia, aménagé pour la circonstance.

Chacune a vécu de manière différente cette énorme fête un peu chaotique qu'a été la première rencontre, selon les tables rondes auxquelles elle a participé, les rencontres qu'elle a faites, les contacts qu'elle a établis, les groupes avec lesquels elle a dansé ou fait une partie de basket. Il y a eu un peu de tout pendant cette célébration : des ateliers d'arts martiaux, des regroupements d'associations de défense des droits à la terre et à l'eau, des conférences sur les disparitions forcées, des cours de santé sexuelle féministe, du yoga, de la zumba, des tournois de volley, une exposition de photos de vulves en gros plan, de la peinture corporelle. Mais il y a eu une chose dont nous avons toutes, absolument toutes celles qui étaient là, les six ou sept mille, pu faire l'expérience et que nous avons toutes ressenti de la même façon : sans les hommes, ce n'est pas pareil, et, bien que nous les aimions et tout, quand ils ne sont pas là c'est une sensation merveilleuse.

Je n'avais pas prévu d'éprouver cela. Depuis que ma fille est née, je n'ai encore jamais ressenti une telle sécurité dans un lieu public. Nous sommes plusieurs milliers de personnes et quand elle se perd ou qu'elle s'échappe, je reste tranquille, car je sais qu'il ne va rien lui arriver. À Pátzcuaro, quand elle part en courant sur la place, souvent des gens me la ramènent, parce qu'ils ont peur qu'on me la vole, que quelqu'un avec de mauvaises intentions ne s'approche d'elle. Elle a six ans. Nous avons déjà eu plusieurs fois des conversations à propos des enlèvements d'enfants.

(Si on te vole, ils vont te mentir, ils vont essayer de te faire croire des choses. Tu ne dois pas les croire. Tu dois faire l'inverse de ce qu'ils te disent. S'ils te disent : « Ne crie pas », tu cries. S'ils te disent : « Reste là », tu t'enfuis. Sois patiente, observe autour de toi. Cherche un moment d'inattention pour t'échapper. Et surtout, ils te diront des mensonges sur nous, sur moi. Ils essaieront de te faire croire que tu as fait une erreur, que tu es là par ta faute. Il faut que tu saches que ce seront des mensonges. Il faut que tu sois sûre : peu importe le temps que ça prendra, quelles que soient les conséquences, je ne cesserai jamais de te chercher.)

À Pátzcuaro, en France, partout, je me méfie des professeurs, des entraîneurs, des oncles et des cousins des familles de ses amies, des messieurs dans les épiceries, je surveille mes propres amis quand ils s'approchent d'elle. Jamais je ne la laisse seule avec un homme, connu ou inconnu. Bientôt je lui parlerai des dangers d'être une fille dans ce monde, je lui raconterai mon expérience et elle m'écoutera avec une grande concentration, les yeux grands ouverts, et me posera de douloureuses questions. Pour le moment, dans le chaos du Caracol Tourbillon, au milieu de sept mille femmes, des jeunes filles ont fait un cercle de tambours et commencé à jouer. Ma petite qui ne tient pas en place se glisse entre les jambes pour aller voir de plus près, et je la perds de vue parce que je ne peux pas aller au centre du cercle où se trouvent les musiciennes car les corps des spectatrices qui se sont approchées et ont commencé à danser me barrent le passage. Je ne perds pas mon calme. Je n'ai pas peur. Je la cherche calmement. Je la cherche longtemps, car quand j'arrive enfin au cœur du cercle, elle n'y est plus et il me faut ressortir et chercher ailleurs. Je demande de l'aide aux autres filles de mon groupe. On finit par l'appeler au micro mais elle ne doit pas écouter les appels dans le brouhaha de la fête. Je finis par la retrouver, une vingtaine de minutes plus tard, à l'endroit où nous avons laissé nos sacs et où nous dormirons plus tard à même le sol. Elle m'attend. Je ne la gronde pas. Chez nous je la sermonne quand elle s'échappe. Mais là, elle n'était pas en danger. Elle a fait ce qu'on avait dit : si on se perd on retourne au campement. Elle n'avait pas l'air d'avoir eu peur non plus. Cette paix-là met en évidence le manque de paix qu'il y a d'habitude dans notre vie quotidienne.

(Pendant cette première rencontre, plusieurs milliers de femmes zapatistes étaient là, des femmes soldats de l'armée insurgée et des villageoises, toutes portant la cagoule, et c'est ce dont ma fille se souviendra le plus, un souvenir plutôt désagréable pour elle : elle a passé trois jours à fuir des femmes inconnues qui avaient le visage couvert sous un passe-montagne noir et la poursuivaient pour lui toucher les cheveux.)

De retour à San Cristóbal, nous avons logé chez une amie du Michoacán qui venait de déménager dans cette ville. J'avais envie d'aller saluer Bárbara mais, de retour du Caracol, nous sommes tombées malades et il nous a fallu rester à la maison. Nous avons passé trois jours à nous reposer chez mon amie, la petite avec une bronchite et de la fièvre, et juste une fatigue profonde pour moi. On nous a prêté une chambre avec un grand lit double et nous dormions pendant des heures dans un silence délicieux, entrecoupé seulement par de petits bruits de voisins et par les chants des oiseaux dans la cour. Quand nous nous sommes senties mieux nous avons été dans un café du centre-ville qu'on nous avait recommandé. Nous avons demandé des croissants, malgré leur prix exorbitant, parce qu'on m'avait dit qu'ils étaient délicieux (pour être honnête je n'y croyais pas trop, les croissants du Mexique me déçoivent toujours, et si j'ai le choix, je préfère manger une *concha* ou une *dona* ou un *pan de higo*). Et ils étaient délicieux. C'était la chose la plus exquise que je mangeais depuis un bon moment, et pour ma fille, ce fut simplement la meilleure viennoiserie de toute sa courte vie. Elle a mangé en silence, savourant chaque bouchée, deux attitudes plutôt rares chez elle, plutôt habituée à manger à toute allure en parlant comme un perroquet. Elle a mangé avec le silence approprié aux choses sacrées, fermant à moitié les yeux, en transe, et quand elle a fini son croissant, elle m'a regardée avec des yeux brillants et m'a demandé : « Maman s'il te plaît, est-ce que je peux avoir encore un *cuernito* ? »

(Certains de mes amis disent que la double culture est une richesse, un plus. Il ne faut pas dire que tu n'es ni d'ici ni de là-bas mais que tu es à la fois d'ici et de là-bas. Avec eux non plus je n'essaie pas de débattre. Ils sont tellement convaincus de ce qu'ils disent. En plus, une de leurs deux cultures est la mexicaine, et donc critiquer serait mal vu de toute façon. Mais je ne suis pas certaine qu'ils aient raison : la double culture n'est pas nécessairement une richesse. Trop de choix tue le choix. La culture, les racines, les traditions, en plus de constituer un ancrage, un lien à la terre, sont des structures de comportement bien utiles quand il s'agit de s'orienter dans la vie, de prendre une décision. C'est ainsi parce que c'est ainsi, ça l'a toujours été, et il faut suivre la route déjà tracée. Mais si on a toujours deux options possibles, c'est comme n'en avoir aucune. Et si l'identité est une perception qui nous appartient en propre, qui existe dans l'intimité de soi à soi, ce sont aussi les autres qui la définissent. Si ma fille dit qu'elle est mexicaine, ce n'est pas suffisant, cela n'est valable que si le cercle de ceux qui partagent cette identité valident ce qu'elle dit, s'ils y croient. En France elle essaiera de dire qu'elle est française et on se moquera d'elle, de son accent du Michoacán. En réalité la seule chose qu'elle puisse faire c'est dire qu'elle est française au Mexique et mexicaine en France, et c'est ce qui semble le plus logique aux gens. C'est-à-dire : pour valider son identité, elle devra se dire étrangère dans les deux endroits. Et c'est bien, ça n'est pas grave. Moi aussi je suis issue de l'immigration, d'une famille sans terre ni maison qui a toujours changé de lieu selon les opportunités de travail, les rêves, le sens du vent, et j'ai hérité de cette sensation de n'être de nulle part, une sensation avec laquelle il m'a fallu apprendre à vivre et que ma fille devra apprendre à dompter elle aussi. Mais un plus, non, ce n'est pas un plus, c'est un moins. Un moins qui parfois te pèse, parfois te rend plus libre.)

Nous étions dans la ville de San Cristóbal à nouveau, quinze ans après le premier voyage, et bien sûr tout avait changé, et c'était étrange de manger des croissants dans un café chic avec une petite fille qui me ressemblait, dans ces mêmes rues où nous avions traîné nos sandales de vent Maga et moi. San Cristóbal, nommée en l'honneur du géant au bâton.

Pendant la traversée, la rivière grossit et l'enfant lui sembla aussi lourd que du plomb, si bien que Cristóbal eut du mal à le porter et se trouva en grande difficulté. Lorsqu'il atteignit enfin l'autre rive, il dit au garçon : « Tu m'as fait courir le plus grand danger. Je ne pense pas que le monde entier soit aussi lourd sur mes épaules que tu ne l'as été. » Le garçon lui répondit : « Tu n'as pas seulement eu le poids du monde sur les épaules, mais aussi celui de l'homme qui l'a créé. Je suis le Christ, votre roi, et tu m'as rendu service en me portant sur la rive. » Ensuite, le garçon disparut.

Le nom de la ville ne garde pas seulement la mémoire du passeur de torrents. On lui a aussi accolé un nom de famillle venant d'ailleurs, par une opération bizarre qui mélange les époques et les personnages, la légende chrétienne et l'histoire coloniale, un mariage anachronique et un peu byzantin. De Las Casas est un souvenir de Bartolomé de Las Casas, illustre défenseur de la dignité des peuples indiens, qui n'a rien à voir avec Cristóbal, à part peut-être qu'il se prend lui aussi pour un sauveur.

(Bartolomé, né à Séville vers 1484, contemporain de la colonisation du Nouveau Monde et colon lui-même, de famille noble, lettré, propriétaire de terres et d'esclaves, embarqué pour le compte de la couronne d'Espagne dans une mission d'évangélisation, décide, à l'âge de trente ans, d'abandonner tout ça et de se mettre au service des Indiens. Il continuera à croire qu'il faut évangéliser tout le monde, mais par la persuasion, pas par la force. Quelles implications a eues pour lui ce choix de délaisser certains de ses privilèges ? Il a abandonné l'ambition, la possibilité d'arriver très haut dans la hiérarchie ecclésiastique, une retraite paisible sous les jasmins de son port natal. Est-ce que ce renoncement lui a coûté ? Peut-être pas. Peut-être qu'il a trouvé dans la défense des Indiens un projet de vie qui avait plus de sens à ses yeux, qui était plus en harmonie avec ce pour quoi il pensait être né ?)

(Bárbara n'est pas Bartolomé, évidemment. Mais je sais que quand elle est arrivée au Chiapas elle venait dans une voiture avec un chauffeur, en compagnie d'une femme qu'on va appeler Frida parce que je ne sais pas si c'est vrai tout ça, une des actrices les plus connues de l'époque, et elle a découvert un monde qui était plus en harmonie – avec quoi ? je ne sais pas, je n'ai pas pu lui demander, il faut donc que je me l'imagine – avec le feu qui brûlait à l'intérieur d'elle. Elle avait fait des études de théâtre, à l'Université nationale autonome du Mexique, la même université qui m'a accueillie à

Mexico, et je crois que c'est là qu'elle avait rencontré un jeune acteur de bonne famille, avec qui elle a eu un enfant, à l'âge de dix-sept ans. Le jeune homme, qui allait devenir un acteur de télénovelas célèbre, ne s'est pas occupé de leur fille. Bárbara ne lui a pas demandé de le faire, elle s'en est chargée toute seule. Elle n'avait besoin de personne. Elle était charismatique, depuis toujours, depuis l'enfance. Je l'imagine à l'âge de vingt ans. On l'invite à jouer dans des pièces de théâtre, à participer à des performances de rue, à des courts-métrages. C'est là, dans ce milieu joyeux de saltimbanques, d'artistes et d'intellectuels qu'elle rencontre Frida, de quelques années son aînée, qui devient son amie et son mentor. Frida, qui depuis un très jeune âge navigue entre des mondes, le cinéma et un engagement vis-à-vis des plus pauvres, a été son guide dans l'univers labyrinthique du spectacle, dans le maniement des sollicitations, des propositions, des amours, dans son apprentissage politique. Elles s'aimaient et se craignaient l'une l'autre. Frida voyait avec surprise et un peu d'inquiétude comment sa protégée marchait dans ses pas, comment elle grandissait vite. Bárbara voyait avec surprise et un peu d'inquiétude un chemin s'ouvrir devant elle, un parcours se traçant, une promenade, une autoroute vers un avenir radieux. Elles sont arrivées ensemble au Chiapas, dans les années 1990.

Elles ont commencé à faire souvent des allers-retours entre Mexico et San Cristóbal. Je crois qu'elles allaient déjà dans les communautés du Chiapas avant le soulèvement zapatiste et qu'elles ont participé très vite au mouvement social qui a suivi. Elles ont organisé des réunions à l'université, dans des cafés du centre-ville, de Coyoacán, dans tous les lieux où elles avaient des alliés. Un jour Bárbara a décidé de ne pas retourner à Mexico. « Je vais rester là. – Mais Bárbara, tu seras plus utile en nous aidant à faire le lien avec la société civile, avec ceux qui peuvent faire connaître notre cause dans les centres de pouvoir. – La cause, ça m'est égal. Je vais rester ici, je trouverai quoi faire, je vais me faire une cause à ma mesure. » Et Frida a compris. Elle ne lui a pas dit : « Avec tout ce que j'ai fait pour toi », ou des choses de ce genre. Elles ont continué à être amies. Des années plus tard, Frida a aidé la fille de Bárbara quand elle a commencé à faire du théâtre à son tour. Elle l'a guidée dans sa carrière qui allait l'amener, elle aussi, après le théâtre, à devenir actrice dans des feuilletons télévisés. J'imagine, nous imaginons tout cela. Ce que j'ai du mal à imaginer c'est la transition intérieure qui a mené la jeune fille d'une lumineuse beauté, de classe moyenne, avec une brillante carrière d'actrice qui s'ouvrait à elle, à devenir la muse du monde souterrain d'une ville de province oubliée dans la brume de vieilles montagnes pluvieuses et sombres. Car ce récit-là n'est pas aussi simple à fabriquer que l'autre. Et je crois que, quand elle me disait que *nous ne comprenions rien*, avec mélancolie et un brin d'amertume, il y avait entre ses mots une part silencieuse, trouble, spectrale, la part du vécu, qui ne pouvait ni se résumer ni se dire mais qui lui donnait la certitude de ne pas se tromper.)

(Au moment où j'écris ces lignes, j'envoie un message à Bárbara. J'aimerais lui demander si elle veut bien me raconter certaines choses. J'aimerais qu'elle me raconte comment elle est arrivée au Chiapas, et qu'avait à voir exactement avec son voyage cette actrice, cette Frida dont elle m'avait beaucoup parlé. C'était son amie et son ennemie, une personne qui avait beaucoup fait pour elle et avec qui elle avait eu de profonds désaccords. Au bout de deux semaines sans réponse, je mets le nom de Bárbara sur Google, sans trop y réfléchir. Et m'apparaissent des articles de journaux. Elle vient de mourir, deux mois auparavant, à l'âge de cinquante-six ans. Elle est morte quand j'ai commencé ce récit, ou cette chronique ou je ne sais comment l'appeler, d'un cancer du poumon qui l'avait affaiblie depuis un certain temps déjà. Elle laisse à son compagnon une espèce de refuge pour chiens dont ils s'occupaient seuls, tous les deux, sans l'aide de la ville ou de qui que ce soit. Je pense à la douleur de Guillermo, à la grande maison pleine d'aboiements, où plane un vide désormais, où descend le silence du monde privé de la voix rauque de fumeuse de Bárbara. Qui va mettre maintenant l'encens pour faire partir les mauvais esprits du lieu ? Qui fera la magie de chaque jour, le peu de magie qui permettait de surmonter la tristesse, la misère, la rage quotidiennes ?)

(Je suis avec Bárbara assise sur un banc, dans le patio rempli de plantes dont personne ne s'occupe, qui débordent des jardinières, qui grimpent sur les murs et prennent racine dans les fissures. Nous partageons une cigarette. Nous venons de terminer de confectionner des masques de plâtre pour la pièce de théâtre de marionnettes. Je me suis lavé la figure après avoir enlevé les bandelettes de plâtre humide mais la peau du visage me pique encore. Bárbara est en train de parler. Elle critique Maga. On présente la pièce dans quelques jours à Zinacantán et tout le monde est stressé. Nous n'avons pas suffisamment de permis, pas suffisamment d'appuis, c'est elle qui prend la responsabilité de notre venue. Elle dit que Maga veut toujours que tout se fasse dans la minute, et comme elle veut que ce soit fait, et qu'elle n'a pas de patience, qu'elle brasse du vent, qu'elle remue ciel et terre et fait des tempêtes sans tenir compte des autres gens autour d'elle. « Oui, je lui dis, c'est vrai. Mais c'est la seule façon que les choses bougent et finissent par se faire. Si on me suivait moi, on attendrait pendant des mois qu'on nous donne toutes les autorisations au village et au final on ne monterait pas la pièce. Si on m'écoutait, on écrirait tout ça dans un carnet que personne ne lirait et on s'en tiendrait là. Ce sont des gens comme elle dont on a besoin si on veut que les choses changent. Des gens comme toi, Bárbara. – Ah! cette sacrée Maga, tu as bien raison, admet Bárbara, elle est comme moi, on est pareilles. » Et nous rions. Et rien de tout ça n'a d'importance. On finira par monter la pièce. Plein de gens viendront la voir. C'est une histoire pour enfants, avec des marionnettes et des comédiennes. Ça raconte l'aventure d'une petite fille qui devait se cacher et se vêtir comme un homme parce qu'elle voulait faire une profession qui lui était interdite, et elle devait franchir toute sorte d'obstacles pour démontrer qu'elle valait autant qu'un garçon. Les enfants aimeraient, les mamans aussi, et même les autorités qui allaient assister à la représentation. Tout le monde voudrait parler avec nous après la pièce, toucher les marionnettes, mettre le masque de la narratrice, parler du rôle de la petite fille courageuse. Nous sommes dans le patio, en train de fumer. Nous ne savons pas encore si la pièce va se faire, ou si on va tout annuler. Ça n'a pas d'importance. Ça nous importe beaucoup que la représentation ait lieu, et ce sera une terrible déception si ça n'a pas lieu, mais au fond, ça n'a pas d'importance. Nous rions. J'entends toujours le rire de la femme qui avait un grain de beauté au coin de l'œil. Ce rire brille dans le noir comme une luciole solitaire. Et je reste avec ça.)

La dernière fois que je suis allée au Chiapas, c'était en décembre 2019, pour la deuxième Rencontre internationale des femmes en lutte organisée par les femmes zapatistes. Cette fois-ci, elle n'avait pas pour sous-titre « Rencontre internationale, politique, artistique, sportive et culturelle ». Cette fois-ci, nous avions un sujet urgent et sérieux : la violence faite aux femmes.

INVITATION À LA DEUXIÈME RENCONTRE INTERNATIONALE DES FEMMES EN LUTTE SEPTEMBRE 2019

Aux femmes qui luttent partout dans le monde,
Sœur, camarade, femme qui lutte,
Nous te saluons en tant que femmes que nous sommes, en tant que femmes indigènes et zapatistes,
Tu te souviens sûrement que, lors de la Première Rencontre que nous avons faite, nous avons pris pour

accord que nous devions rester vivantes. Mais il est clair que le massacre et la disparition des femmes continuent. De tous les âges et de toutes les conditions sociales. Ils nous assassinent et nous font disparaître parce que nous sommes des femmes. Et en plus, ils disent encore que c'est notre faute, que c'est parce que nous nous habillons comme nous nous habillons, parce que nous marchons là où nous marchons, à telle heure et en tel lieu. Et donc, chez les mauvais gouvernements, il ne manque jamais une remarque stupide d'un homme ou d'une femme, peu importe, pour laisser entendre que donc nous ne devons plus sortir. Selon leur pensée donc, les femmes doivent rester enfermées chez elles, elles ne doivent pas sortir, elles ne doivent pas étudier, ni travailler, ni s'amuser, elles ne doivent pas être libres.

[...]

Et la vérité, ce n'est pas seulement qu'on nous viole, qu'on nous assassine et qu'on nous fait disparaître. Ça oui, c'est vrai, mais la vérité c'est aussi que nous n'allons pas faire comme s'il ne se passait rien, en restant bien gentilles et obéissantes.

[...]

Alors nous voulons que tu viennes et que tu dises clairement ce que tu veux dénoncer. Non pas pour qu'un juge ou un policier ou un journaliste l'écoute, mais pour qu'une autre femme, d'autres femmes, beaucoup de femmes qui luttent l'écoutent. Et ainsi, sœur et compañera, ta douleur ne sera pas seule, elle s'unira avec d'autres douleurs. Et de tant de douleurs qui s'unissent, il n'en sortira pas qu'une douleur plus grande, mais il sortira une rage qui sera comme une graine. Et si cette graine pousse en s'organisant alors la douleur et la rage se feront résistance et rébellion, comme nous disons par ici. Nous arrêterons alors d'attendre que la tragédie nous touche ou ne nous touche pas, et nous nous mettrons à faire quelque chose, d'abord pour arrêter cette violence contre nous, et ensuite pour conquérir notre liberté en tant que femmes que nous sommes.

Car c'est ça l'expérience de notre histoire en tant que femmes, en tant que paysannes, en tant qu'indigènes et en tant que zapatistes.

Personne ne va obtenir pour nous la paix, la liberté, la justice. Nous devons lutter, sœur et compañera, lutter et les arracher à celui qui a le pouvoir.

C'est pour cela que l'invitation au thème de la violence contre les femmes n'est pas faite seulement pour dénoncer, mais aussi pour dire ce qui se fait ou ce qui s'est fait, ou qui peut se faire afin d'arrêter ces crimes.

[...]

Il ne s'agit pas d'arriver à un accord pour lutter toutes de la même manière, car chacune a ses manières, ses géographies et ses moments. Mais il s'agit d'écouter les différentes formes, ça nous donnera des idées de comment faire, et selon ce que nous verrons, ce qui nous est utile et ce qui ne l'est pas.

Le système veut seulement que nous criions de douleur, de désespoir, d'angoisse et d'impuissance.
Aujourd'hui nous devons crier ensemble mais crier de rage, de colère, d'indignation. Et pas chacune de son côté, en petits morceaux comme ils le font pour nous violer, nous tuer, nous faire disparaitre. C'est ensemble que nous devons crier, bien que chacune en son temps, en son lieu et à sa manière.
Et d'un coup, mes sœurs, mes camarades, peut être que nous apprendrons non seulement à crier de rage, mais aussi que nous trouverons la manière, le lieu et le temps pour crier un monde nouveau.

Je n'ai pas emmené ma fille, on nous a dit que cette fois c'était mieux d'y aller sans enfants. Je suis arrivée dans un bus que nous avions loué toutes ensemble, quarante-deux femmes du Michoacán, certaines purépechas, d'autres métisses, une moitié étrangère (en fait moitié mexicaine, je l'ai déjà dit, mais à quoi bon, moi aussi, finalement je m'en fous). Avec le chauffeur, nous étions quarante-trois personnes à voyager dans un bus traversant des régions en proie aux forces militaires et fédérales, à peine cinq ans après la disparition forcée des quarante-trois étudiants d'Ayotzinapa, mais nous avons essayé de ne pas prendre ce chiffre fatidique comme un mauvais signe. Malgré les inévitables revers et péripéties, le voyage de Morelia

(Michoacán) à Morelia (Chiapas) s'est bien déroulé. Il s'est passé des choses pendant ce voyage. Beaucoup d'autres choses, que nous aurions aimé voir se produire, ne se sont pas produites.

    Quelques semaines plus tard, j'ai eu une conversation par Skype avec un ami français. Il était avec sa copine, que je connaissais à peine et qui voulait, je suppose, aborder le sujet pour créer un lien avec moi, pour parler de quelque chose que nous avions en commun. Elle m'a dit qu'une de ses amies était aussi allée à la rencontre, elle avait pris l'avion depuis la France pour y aller, et qu'elle en était revenue déçue. Que c'était très chaotique, qu'on n'arrivait à rien, qu'il n'y avait pas de tables de discussion mais des diatribes désordonnées. Et j'ai dit oui, moi aussi, déçue, désorganisé, sans solution. Et puis j'ai raccroché et je me suis demandé : pourquoi est-ce que j'ai dit ça ? Je l'ai dit parce que c'est ce que nous avons commenté dans le bus, pendant les trente heures du voyage de retour qui ont servi à libérer l'émotion condensée pendant les jours de la rencontre : ce qui nous a manqué pour mieux nous organiser, la difficulté de synthétiser les réponses au thème qui nous réunissait, la violence faite aux femmes. Je l'ai dit aussi pour paraître exigeante, comme cette copine politisée qui m'intimidait dont j'entendais la voix sur Skype, pour ne pas parler à partir d'une position tiers-mondiste qui justifie ses carences par son manque de moyens, pour ne pas lui dire, oui enfin, c'est facile de juger depuis Paris, depuis ta maîtrise d'ethnologie ou de cinéma, ou les deux, depuis tes concepts maniés dans des assemblées où il n'y a que des gens qui ont fait des études universitaires, caucasiens, de classe moyenne ou moyenne supérieure ou moyenne inférieure, mais de classe moyenne quand même. J'ai ravalé toutes ces phrases qui me venaient, parce que cette position, qui consiste à supposer qu'elle peut se permettre d'être plus exigeante parce qu'elle en a les moyens, suppose que nous, de l'endroit d'où nous parlons, pouvons nous permettre d'être moins exigeantes. Et ce n'est pas le cas. La dernière chose que nous pouvons nous permettre, c'est d'être moins exigeantes. Nous ne devons pas non plus nier que nous ne sommes arrivées à rien, à aucune solution pour améliorer la situation, à aucune proposition claire, ni même à une meilleure compréhension de la réalité dans laquelle nous vivons. Il faut simplement considérer que nous savions dès le début que nous n'arriverions à rien, que ce n'était pas notre objectif et que ce n'était pas le but de l'invitation des femmes zapatistes. Mais j'ai ravalé tout ça, parce que pour lui expliquer ce que je voulais dire, je devais faire un très long détour, et elle n'était pas disposée à l'écouter à ce moment-là. Peut-être ne le sera-t-elle jamais, et ce n'est pas grave.

C'est quelque chose que j'ai appris des zapatistes au Chiapas, de leur façon d'expliquer les choses : si mon détour ne vous intéresse pas, ne le prenez pas, il est là au cas où quelqu'un d'autre serait intéressé. Et si un lecteur arrive à ce point de mon récit, malgré les digressions, malgré la lourdeur de certaines formulations qui montrent bien que j'écris dans une langue qui n'est pas ma langue naturelle, c'est qu'il a été suffisamment intéressé. Il est également possible de prendre un raccourci, de sauter les pages suivantes et d'aller directement à la conclusion. Et pour ceux qui accepteront de me suivre jusqu'au bout, il reste encore quelques étapes à franchir.

(Je traduis ceci de l'espagnol. J'ai écrit ce livre en espagnol avant qu'il n'existe en français. Ça semble snob de dire ça, comme si ça allait de soi, naviguer d'une langue à l'autre comme les bourgeois universels qui étudient des langues depuis l'enfance et dont l'un des privilèges est de pouvoir passer d'un univers à l'autre avec désinvolture, naturellement, sans trop souffrir ni faire souffrir. Ce n'est pas mon cas. J'ai souffert pour apprendre, *me costó*, ça m'a coûté. J'ai peiné et travaillé et perdu un peu mon âme dans cette affaire. *Me costó un huevo*, ça m'a beaucoup coûté, ou littéralement ça m'a coûté un œuf (une couille). J'attendais beaucoup de cette transformation. J'attendais une métamorphose qui suivrait ma conversion en une autre langue. On peut dire qu'elle a eu lieu, mais pas comme je l'attendais, pas aux endroits où je l'attendais. Ce *je* qui parle ici c'est un *je* qui n'existerait pas s'il n'avait d'abord été conçu dans une langue étrangère. J'essaie aujourd'hui de le ramener au pays natal, et il résiste, car il n'est plus le même et c'est la terre d'origine qui lui est aujourd'hui devenue un peu inconnue.)

(Il aurait fallu que je leur dise, à cette fille de gauche qui fait des documentaires et à mon ami dessinateur et communiste qui vit à Paris dans un atelier d'artiste lumineux et haut de plafond : « Vous ne comprenez rien », comme Bárbara nous le disait à Maga et à moi, et j'aurais eu toutes les raisons de le faire. Mais je ne sais pas si j'ai assez de charisme pour le faire entendre comme il se doit. Il faut être une actrice dramatique qui préfère la tragédie ou un vieux poète maudit rescapé de l'asile pour que vos propos elliptiques deviennent des prophéties. Moi mon rôle c'est plutôt de faire des textes et des commentaires de textes, de tisser avec patience et un peu d'imagination les fils de cette histoire. Avec eux, je confectionnerai un châle pour nous couvrir pendant les mois d'hiver, pour nous protéger du froid, et surtout du froid qui rentre par le dos, car celui qui vient par surprise est plus dangereux que l'autre. Je tisserai un tissu bien chaud afin que la mort ne nous entre pas par-derrière. J'y mettrai de la couleur, j'inventerai des motifs, pour qu'il soit aussi un accessoire de beauté, car même si la beauté est un produit du patriarcat et ne nous sauvera de rien de ce qui nous attend, si vous l'avez en vous, personne ne peut vous l'enlever.)

À cette deuxième rencontre, pour la première fois, je pars en le voulant vraiment, en pleine conscience de ce choix. Nous sommes quelques-unes de mon village à rejoindre les autres filles qui ont loué le bus à Morelia. Certaines se connaissent, font partie de groupes féministes ou simplement se réunissent comme nous, quand elles peuvent, comme elles peuvent, sans savoir si on a le droit ou si on peut s'appeler féministes, pour organiser des choses, des résistances, des manifestations, un groupe de soutien aux victimes de féminicides, un groupe d'accompagnantes d'avortement, un groupe de lecture, de parole. Assise à côté de moi dans le bus vient une jeune femme que je connais très peu et qui voyage seule pour la première fois. Elle a une trentaine d'années et est originaire de Mexico. Elle a déjà voyagé, mais toujours avec quelqu'un de sa famille, un petit ami ou une équipe de travail. Elle a toujours eu peur de se retrouver seule dans un endroit qu'elle ne connaît pas dans ce pays sans être entourée de personnes protectrices. Une peur paralysante. Il y a des choses qui l'angoissent, me dit-elle. Nous avons discuté longuement, nous avons eu le temps, tout le temps du trajet en bus, et elle m'a expliqué pourquoi elle avait ces angoisses. Des choses lui sont arrivées. Des choses me sont arrivées à moi aussi. Beaucoup d'entre nous, dans cet autobus en provenance du Michoacán, ont vécu des choses qui n'auraient pas dû leur arriver. Mais c'est aussi pour cela que nous sommes ici, répondant à l'invitation des zapatistes à nous rencontrer pour parler, entre femmes qui luttent, de la violence qui s'exerce depuis des siècles et encore aujourd'hui, de multiples façons, contre nous.

Le premier jour, je me suis réveillée tôt, deux heures avant de retrouver les filles de mon groupe à l'endroit convenu la veille. Nous avions dormi dans un des hangars sur des planches qui formaient une sorte de sommier afin que nous ne nous allongions pas sur le sol froid, dans nos sacs de couchage. Je me suis levée sans faire de bruit, j'ai traversé le dortoir dans l'obscurité et je suis sortie dans l'aube froide. Des étoiles scintillaient encore et une brume spectrale s'élevait lentement des bois. Au loin, on voyait des montagnes. J'ai fait le tour du terrain entouré de palissades. Des aménagements avaient été faits depuis la dernière fois, des murs avaient été recouverts de fresques colorées, des toits protégeaient désormais les espaces consacrés à la cuisine et aux repas. Des silhouettes furtives circulaient entre les baraquements, certaines lentes et contemplatives comme la mienne, d'autres agitées, tenant d'une main une jupe plissée et de l'autre une casserole fumante, un fagot de petit bois, un seau en plastique rempli d'eau. Tous ces petits gestes nécessaires et quotidiens accumulés avaient rendu possible l'organisation de la rencontre. Je sais que depuis le début les femmes ont pris part à l'insurrection zapatiste, qu'elles sont parvenues à sortir d'un système d'oppression archaïque grâce à leur participation active dans le mouvement, et que les jeunes filles d'aujourd'hui qui ont pris la relève des combattantes d'autrefois sont présentent à tous les niveaux de décision. Je me demandais comment était née l'idée de la rencontre, comment elle avait pris forme, et de quelle manière les communautés avaient donné leur accord pour mettre en place un événement d'une telle ampleur et d'une si grande audace. J'aurais aimé demander directement à l'une des Indiennes qu'elle me raconte comment ça s'était passé, mais je n'ai pas eu l'occasion de le faire. Elles étaient toutes très occupées avec les tâches d'organisation, chacune à son poste, la majorité plutôt timides ou gênées, et elles disaient obéir à des décisions prises par d'autres. Encore une fois, cette sensation d'une discipline militaire, ou monacale, derrière laquelle les désirs personnels doivent s'effacer, l'évidence d'une importance plus grande donnée au collectif qu'à l'individu, comme c'est toujours le cas dans les communautés indiennes. Est-ce vraiment cela, la différence radicale avec nous, que cette question d'individualisme qui fait que nous voyons toujours notre propre intérêt, notre liberté individuelle, avant de penser aux autres, au groupe, à autrui? Mais nous-mêmes, celles qui venions du dehors, avec la sensation d'être libres, n'étions-nous pas aussi en train de suivre des consignes finalement? Il ne s'agit d'ailleurs pas seulement de consignes, mais aussi peut-être d'un désir collectif de changement social, qui a quelque chose à voir avec un épuisement de l'individualisme extrême que l'on connaît en Occident. Je n'étais pas venue seule, moi aussi j'étais guidée par des intuitions qui n'étaient pas les miennes propres, par les mouvements d'une histoire à laquelle je m'accrochais comme à une corde pour ne pas me perdre dans ma solitude, par une convergence de désirs où l'individuel et le collectif devenaient indiscernables.

J'ai apporté ma tasse à un stand sous une tonnelle pour qu'on me serve du café avec du sucre brun et un bâton de cannelle. J'étais pleine d'attentes. J'avais un carnet dans lequel j'avais l'intention de noter tout ce qui allait se passer lors de la réunion. Mais rien ne se passait encore. Beaucoup de femmes étaient déjà réveillées. Elles attendaient comme moi, avec leur tasse ou leur thermos, assises sur de petits bancs de bois ou sur les murets, observant les allées et venues des autres sur le sol en terre battue. Pendant la longue attente avant le début des activités, j'ai pris quelques notes. J'ai écrit ce qui suit :

Lundi 27 décembre 2019. Nous attendons. Cette fois-ci, elles ne nous ont pas réveillées à six heures du matin. Il doit être déjà huit heures et rien n'a encore commencé. Le ciel est découvert. Il ne pleut pas, il ne fait pas froid. Il y avait du café et un petit-déjeuner pour tout le monde. Celles qui le voulaient ont pu prendre une douche. Nous avons mis nos couvertures et nos sacs à dos en lieu sûr. Certaines se sont promenées dans le Caracol. D'autres ont chanté des chansons militantes en tapant des mains. Les zapatistes cuisinent, font la vaisselle, gardent tout en ordre et ne veulent pas que nous les aidions. Elles démontrent je ne sais quoi. Il faut attendre. Bientôt, le programme sera dévoilé.

Beaucoup des filles que je vois ici me rappellent Maga. La Maga du premier voyage. Jeune, rebelle, confiante. Et dans son enthousiasme et sa liberté, il y a quelque chose d'un peu bête, quelque chose qui m'exaspère, me fascine et que, au fond, j'envie. D'où vient ce sentiment de bêtise ? Peut-être de l'ignorance consciente ou inconsciente de nos privilèges. Mais il est injuste de reprocher à quelqu'un sa façon de marcher, de s'habiller, de manger, comme s'il y avait une décision possible dans chacun de ces gestes, conçus comme naturels depuis l'enfance et au-delà. Et de fait, si des milliers de Magas du monde entier ont fait le voyage jusqu'ici, c'est précisément parce qu'elles ont l'intuition qu'il est possible de remettre en cause cet ordre des choses – qui n'est pas un état de nature, mais quelque chose que l'on a appris, que l'on nous a fait prendre pour acquis, pour inamovible. C'est précisément le désir de ne plus se laisser abuser par les carapaces qui nous recouvrent et nous empêchent d'être autres – le patriarcat, la division de la société en castes, les structures de domination et d'oppression en place depuis des siècles, fondées sur des critères qui, si on les analyse en profondeur, si on les expose au spectre cruel de la lumière de la raison, paraissent complètement absurdes ou du moins infondés : l'origine, la race, le sexe, l'appartenance à la ville ou à la campagne, la religion, la patrie. C'est précisément la recherche des armes pour briser ces moules qui nous façonnent, la raison pour laquelle nous sommes toutes là. Je dois m'inclure là-dedans. Puisqu'il est clair que mon clan, ce sont les filles de l'extérieur. Regardez-moi, assise à l'ombre, écrivant sur ce carnet posé sur mes genoux. Aucune des zapatistes ne fait cela. Peut-être en arrivent-elles aux mêmes conclusions que moi. Par d'autres moyens. Au fil d'autres cheminements. C'est ça l'idée. Au fond, nous sommes les mêmes, nous avons la capacité de dépasser le déterminisme qui n'est peut-être (ou ne pourrait être) qu'un vernis superficiel. Je dois cesser de noircir moi-même nos bonnes intentions. C'est aussi un enseignement hérité du patriarcat, de la littérature faite par des hommes qui nous font croire que rien d'intéressant ne peut naître de désirs naïfs, de questions enfantines, de bonté. Il faut toujours une certaine dose de mal, d'esprit cruel ou critique, de destruction pour qu'une idée soit valable. Toute une génération de jeunes femmes, de jeunes hommes, de jeunes autres – cette jeunesse assoiffée de vie qui me rappelle Maga – veut déconstruire cela. Avancer sans honte, en annonçant notre douceur, notre vulnérabilité, notre faiblesse, notre bêtise. Ne pas se déguiser, se cacher derrière des statuts, des raisonnements, des calculs. Abandonner aux anciens les masques du cynisme, de l'amertume et du savoir. Car il est clair que tout cela nous a conduits au monde en ruine dans lequel nous devons cheminer aujourd'hui.

(Maga est maintenant près de Séville, dans une petite ville côtière où ses parents l'emmenaient parfois passer des vacances quand elle était enfant. Pour la première fois depuis qu'elle a quitté la maison, à l'âge de dix-sept ans, elle vit près de chez sa mère, là où elle est née, où elle a grandi et où elle a pris son accent. Après un long détour. Avant notre rencontre dans le Michigan, elle avait vécu en Angleterre et en Australie. Des États-Unis, elle est passée au Mexique. Elle y a vécu quelques années, elle a fait du théâtre et donné des cours. Elle a ensuite trouvé un emploi en Espagne où elle rêvait un peu de rester, mais ça n'a pas marché, cela lui a seulement permis de tomber amoureuse d'un musicien qui jouait de la guitare flamenco et chantait le *cante jondo*, elle a trouvé un autre emploi en Hongrie, et elle s'y est beaucoup plu, le gitan lui a rendu visite et ils ont monté des soirées musicales à Budapest, des pièces de théâtre avec les élèves de Maga, mais elle n'a pas pu apprendre le hongrois, elle n'a pas trouvé la force de surmonter l'énorme défi que représente l'assimilation d'une langue étrangère une fois de plus. Elle a donc postulé une nouvelle fois via Internet, sur une plateforme de recherche d'emploi dans des instituts de langues à l'étranger, a obtenu un poste à Washington, est retournée aux États-Unis, a épousé le gitan pour qu'il puisse rester et jouer légalement de la guitare dans des restaurants et des bars américains, puis elle en a eu assez de l'ambiance, son visa s'est terminé, elle est retournée à Séville pour quelques mois, puis est partie pour le Maroc où ils sont restés deux ans, elle, le gitan et son fils adolescent, ils se sont disputés, sont retournés à Séville, ont divorcé. Maga, le cœur brisé, a décidé de poser un peu ses valises pour se reposer, pour soigner son chagrin. Elle a passé les concours de l'enseignement et a été envoyée dans le sud de l'Andalousie, dans un coin qu'elle a toujours aimé, fait de plages et de désert, où les bateaux chargés de migrants africains arrivent la nuit, sans autre bagage que les vêtements qu'ils portent sur le dos et le rêve de tout voyageur, de tout migrant, le rêve légitime et profondément humain d'une vie meilleure.)

(Ma Maga chérie, pardon de résumer ta vie comme ça en quelques lignes, c'est pour donner une idée. Une idée de quoi? Une idée de tous ces voyages que tu as faits, de cette vie aventureuse. Et personne ne saura de quoi ils ont été faits, personne ne connaîtra la texture de tes jours, des rêves fous et en couleurs qui ont toujours peuplé tes nuits. Personne ne saura car si je trahis, je ne trahis qu'à moitié. Je ne dis pas tout ce que je sais de toi, et ce que je ne sais pas, ce que j'aurais aimé connaître, être avec toi toujours, être capable de te suivre, de voir ce qu'ont vu tes yeux. Je trahis ce que j'ai de plus précieux pour faire des livres, pour moudre le grain du temps, mais ce qui compte vraiment, je n'y ai pas accès, tu le gardes, je le garde, chacune, le temps qu'il lui est imparti, garde au fond de soi tout ce fatras d'images, de gestes, de pensées, tous ces pas marchés, ces trains pris la nuit à toute vitesse, toutes ces heures à moduler nos voix, à essayer, à essayer, cette accumulation d'approximations qu'ont été nos vies, tout cet amour.)

(Et pendant ce temps-là, moi, j'ai déménagé de Mexico à Amatlán et d'Amatlán à Pátzcuaro. Et je suis toujours là. Quand j'étais jeune, je m'imaginais une vie d'aventures, une vie nomade pleine de rencontres, de fêtes et de changements soudains. Je ne l'ai pas eue. C'est Maga qui l'a eue. Comme je vous l'ai déjà dit, j'ai eu autre chose, une vie de province, une vie d'écriture dans le silence, dans la solitude, de livres que peut-être personne ne lirait, tandis que ma colombe volait, volait pour moi vers des pays lointains.)

En milieu de matinée, le spectacle commence. On nous demande de laisser libre l'espace central du grand terre-plein, on nous pousse sur les côtés et, petit à petit, nous prenons place tout autour, à l'ombre si possible car le soleil est déjà haut et comme on est en altitude, ses rayons sont cruels. Nous nous répartissons autour du terrain pour observer ce qui se passe au centre. Quelqu'un annonce la pièce au micro, je ne crois pas qu'elles l'appellent « la pièce » mais je ne me souviens pas comment elles nomment ce qui va se jouer là. Un groupe de femmes portant des uniformes vert et marron, de style militaire, des casquettes Mao, des bottes, des bandanas et des cagoules se tient blotti dans un coin de l'espace vide. Elles sont nombreuses, une centaine, peut-être plus. Une cumbia à la mode commence à jouer, un choix très bizarre, voire douteux, mais nous ne sommes pas à une contradiction près (une chanson archi-connue des Ángeles Azules, qui s'intitule *diecisiete años*, mais sans les paroles, et on ne sait pas si c'est un choix ironique ou une blague de mauvais goût, ou une erreur ou un choix fait par inadvertance sans se rendre compte du symbole, car tout le monde connaît les paroles, la chanson raconte une histoire d'amour, du point de vue d'un homme qui sort avec une fille plus jeune que lui, et se vante auprès d'un ami, très fier d'être le premier et que cette femme soit encore une enfant : *J'aime son innocence tountountoun, j'aime ses errances, tountountoun, dix-sept ans, tountountoun, c'est ça l'amour*). Les filles en treillis et chemise défilent. La musique s'arrête, et ce qui suit se fait en silence. Elles se répartissent en un grand cercle dans l'espace ouvert. Apparaît alors, au milieu, une jeune fille ou femme de petite taille, vêtue de vêtements traditionnels, jupe et chemise. Elle porte un sac à dos. Les autres l'entourent en un cercle protecteur, pointant leurs armes vers l'extérieur, certaines tirant des flèches, d'autres visant. Elles passent un moment à mimer la défense de la jeune fille, elles lancent et lancent des flèches, puis forment une spirale et partent, une par une, en courant, sous les applaudissements.

Artaud aurait-il aimé cette pièce de théâtre en plein air ? Je suis sûre que non. Monsieur *Le Théâtre et son double*, monsieur le « théâtre de la cruauté ». Il l'aurait vomie. Mais nous, nous l'avons aimée, je suppose que nous l'avons toutes aimée, les quelque trois ou quatre mille personnes qui étaient là, parce qu'il ne s'agissait pas de trouver ça bien ou pas, c'était un acte de pouvoir, un geste par et pour nous.

Ensuite, nous nous sommes dirigées vers l'esplanade principale comme on nous a indiqué de le faire et on a fait ce qui avait été convenu la veille. C'était le jour des dénonciations. Il y avait un micro, des jeunes filles zapatistes le faisaient circuler et organisaient les passages et, pendant qu'une personne parlait, toutes les autres écoutaient. Des filles ont commencé à prendre le micro et à raconter leurs histoires. Nous avons commencé à prendre le micro et à nous raconter notre histoire, l'histoire habituelle, l'histoire du passé, l'histoire de tous les jours. Et c'était une histoire de terreur. Nous avons raconté comment nous avions été violées dans notre enfance, par un oncle, par un cousin, par notre père, comment notre mère, lorsque nous sommes allées lui raconter en pleurant, à mots couverts, ce qui s'était passé, nous a dit de nous taire, que ces choses ne devaient pas être racontées, que la même chose lui était arrivée et qu'elle ne passait pas sa vie à crier ça sur tous les toits avec un air outré et à donner une mauvaise réputation à la famille. Nous avons raconté que notre fille avait été tuée par un petit ami violent et que lorsque la police est arrivée, les agents de police ont déclaré qu'elle s'était suicidée, ce qu'ils ont répété devant le juge, même lorsque nous avons démontré qu'on ne pouvait pas se pendre avec un lacet et que les marques sur son cou étaient des traces de doigts. Nous avons raconté l'histoire de l'amie, de la cousine, l'histoire du métro, l'histoire du type qui semblait très militant, très cool dans toutes les manifestations, et qui a profité de notre confiance, de notre crédulité et que c'est surtout ça, cette crédulité qui nous a fait honte, l'histoire du père, du beau-père, du frère, du grand-père, du petit ami, du mari, du prêtre, des policiers, des juges, des militaires, des politiciens. Et encore l'histoire de l'oncle, l'histoire du cousin, l'histoire des voisins. Parce que l'histoire de l'oncle se répète. Il ne vous viole pas une fois et c'est tout. Il vous viole et vous viole encore. Et il viole votre petite sœur, votre cousine, votre grand-mère. Et nous le savons. Nous le savions avant d'arriver ici. Tout le monde le sait. Mais il faut le dire, il faut le crier et le pleurer au micro ouvert contrôlé par des jeunes filles zapatistes sans cagoule qui ne disent rien mais écoutent attentivement. Aucune d'entre elles ne prendra la parole, en dehors du discours de bienvenue et du discours d'adieu, et on ne saura pas pourquoi, et on se demandera pourquoi, si elles aussi sont là, pourquoi elles ne veulent pas ou ne peuvent pas, profiter de cette opportunité qu'elles ont choisi de nous donner, de mettre des mots sur des violences qu'on vit, et elles diront dans le discours de bienvenue et le discours d'adieu que ces violences concernent surtout les femmes et les filles du dehors, parce que chez elles il n'y a pas de féminicides, et pourtant comment ne pas se demander si l'intensité de leur écoute n'est pas le signe, tout de même, que dans nos récits se reflètent des violences vécues.

Toute la journée et une partie de la nuit. Nous disons tout ou nous ne disons rien. Peut-être que nous restons là à écouter et à pleurer, comme toujours, à pleurer d'impuissance, de colère, de tristesse, d'apitoiement sur nous-mêmes, comme les femmes que nous sommes.

(Il y en a qui ont commencé à trouver cela ennuyeux, ce truc de raconter des histoires pleines de barbarie et d'écouter en pleurant. Lors de l'autre rencontre, elles avaient passé un bien meilleur moment. Elles avaient participé à des ateliers sur la sexualité consciente et avaient peint leur corps de différentes couleurs et avaient circulé dans le Caracol les seins à l'air. Elles ont donc déserté l'esplanade et cherché un endroit plus tranquille, pour pouvoir continuer à jongler et danser au son des petits tambours qu'elles avaient apportés dans leurs sacs à dos. Mais les micros venaient de partout, c'était assez gênant, et le soleil était trop fort, et elles ont été embêtées par les camarades quand elles ont voulu allumer leur pétard parce que les zapatistes considéraient que l'herbe c'était de la drogue et qu'elles avaient dit dès le premier jour zéro alcool, zéro drogue. Elles sont reparties un peu déçues. Cette fois-là, ce n'était pas si cool que prévu.)

 Le deuxième jour, jour des propositions, j'ai arrêté de prendre des notes sur les récits que j'entendais, mais j'ai noté des noms de collectifs, des numéros de téléphone, des sites Internet, des dates de séminaires. Le sentiment d'un combat inégal, que l'on ne peut jamais gagner. La veille, nous avions décrit Goliath. Le deuxième jour, nous avons compté les cailloux dans la main de David.
 À un moment de la matinée, je m'éloigne des esplanades pour respirer un peu. Je me promène dans le Caracol. J'achète un café à une échoppe à l'entrée. Il y a toujours du café au Chiapas et les souvenirs sensoriels que je garde de cette région

sont imprégnés de cette odeur familière et réconfortante qui chasse du corps le froid humide des forêts. Tout près, il y a un attroupement. Je m'approche. Une femme zapatiste est assise sur une chaise en plastique et un cercle de femmes s'est formé autour d'elle. C'est une vieille dame, vêtue d'une robe de style tojolabal vert fluo avec des broderies roses, altière, le visage recouvert d'une cagoule, qui répond aux questions, comme s'il s'agissait d'une interview informelle. Elle répond à toutes les questions qu'on lui pose avec beaucoup de patience. Je reste pour écouter. Des filles l'interrogent sur le soulèvement, sur la lutte armée, sur l'insurrection. On n'a pas eu tellement l'occasion de parler avec des femmes zapatistes, ça s'organise comme ça, en dehors des espaces prévus, en faisant la lessive, en faisant la queue pour les toilettes ou les repas, des dialogues se mettent en place. Elles lui posent beaucoup de questions qui n'ont rien à voir avec la lutte des femmes, ni avec le sujet de la violence pour lequel on a été convoquées. Alors, je saisis l'occasion qui m'est offerte et je me lance. Quand c'est mon tour de parler, je répète ce que la commandante Amanda a dit le jour de notre arrivée, que nous sommes ici parce que nous voulons protéger nos filles, et je lui demande comment elles font concrètement dans leurs communautés pour prévenir les abus, comment elles s'organisent dans l'éducation pour protéger les filles et les garçons. Et elle me répond, après un long détour qui explique comment les communautés zapatistes ont pris les armes en 1994 pour conquérir leur autonomie contre les mauvais gouvernements et d'autres histoires du manuel (que je ne vais pas résumer ici parce qu'elles sont dans le manuel, elles sont sur Internet, dans les livres du *Sub*, dans les thèses et partout) : ici il n'y a pas de telles choses, les femmes zapatistes n'ont pas les mêmes problèmes que celles qui vivent sous les mauvais gouvernements, parce que l'alcool est interdit chez nous, quand on a des problèmes ils se règlent grâce à des comités où tout se gère collectivement, parce que nous avons conquis notre autonomie depuis 1994, donc nous n'avons pas besoin de faire quoi que ce soit en prévention.

Je me souviens de la Escuelita et des questions maladroites que je posais, sans chercher à incommoder, cherchant simplement des réponses, voulant apprendre et supposant qu'ils savaient des choses que je ne savais pas. Et oui, ils savent probablement des choses que j'ignore. Mais en ce qui concerne les abus sexuels sur les enfants, sujet qui génère le plus de déni et le plus de tabou dans toutes les cultures que j'ai connues, dans toutes les classes sociales et à tous les niveaux d'éducation, les zapatistes ne pouvaient pas m'aider.

En tant qu'organisation sociale et politique qui met en pratique l'horizontalité et l'égalité, j'aurais voulu savoir comment ils agissent pour contrôler la pulsion fondamentale de l'abus de pouvoir. Car l'abus sexuel sur mineurs est avant tout un abus de pouvoir, une relation de domination absolue dans laquelle l'auteur trouve sa satisfaction dans le fait même de dominer, et la victime trouve son martyre et son traumatisme, au-delà de la souffrance physique du viol, dans le fait d'être dominée. La veille, le jour des dénonciations, plus de la moitié des femmes qui ont pris le micro ont dénoncé des abus subis dans l'enfance, qui sont, dans bien des cas, à la base de tous les autres abus. Le discours de bienvenue s'était terminé par la nécessité de protéger nos filles, par tous les moyens, avec les armes dont nous disposons et si nous n'en avons aucune, avec nos propres ongles. La représentation théâtrale avait le même sens : défendre la jeune fille innocente, grâce à notre organisation et à notre force collective. Je ne m'attendais donc pas à la réponse de la *compañera*, même s'il s'agissait d'une réponse que l'on m'avait déjà donnée dans d'autres endroits, et même de la réponse la plus courante que j'avais entendue au cours des vingt années passées à poser des questions dans de nombreux endroits et à de nombreuses personnes différentes. Je ne m'attendais pas à cette réponse, de sa part, à cause de tout ce qui précède, mais j'aurais dû m'y attendre. J'ai entendu ce silence partout. Là où la religion est présente, il est plus grand. La plupart des femmes zapatistes sont catholiques, évangélistes ou chrétiennes. Et sur les questions liées à la vie sexuelle, c'est la religion qui domine. Il est ainsi difficile de parler de contraception, d'avortement ou de prévention des abus sexuels sur les enfants et il n'est pas possible pour celles et ceux qui les subissent de les dénoncer, car dans les communautés zapatistes, c'est probablement la même chose que dans le reste du pays, dans le reste du monde : personne ne veut le savoir. Si vous en parlez, on vous reprochera d'amener la honte sur votre famille, votre communauté, votre mouvement politique. Il n'y a donc pas d'abus ici. Et il n'y a pas d'abus là-bas non plus. Et ceux qui disent le contraire devraient disparaître immédiatement.

(J'aimerais croire que, dans les communautés zapatistes du sud-est du Chiapas, ils et elles ont réussi à faire disparaître les abus sexuels sur les enfants parce qu'ils et elles sont vraiment très forts et qu'ils ont organisé un soulèvement armé en 1994 et que, sans rien faire de particulier au sujet de la violence sexuelle, la violence a disparu parce que l'autonomie rend plus libre, plus conscient, meilleur. Ce serait merveilleux, j'aimerais le croire, mais, bien sûr, je ne peux pas.)

J'ai cherché des réponses, d'abord parce que j'ai été victime, ensuite parce que je suis mère d'une enfant et que je ne veux pas qu'il lui arrive ce que j'ai subi, et enfin parce que je crois que personne ne devrait vivre ce que j'ai vécu et que cela n'arrivera pas si le monde continue à fermer les yeux et à nier l'évidence. Dans de nombreux endroits, j'ai reçu la même réponse comme une gifle, la réponse de la camarade tojolabal qui était sur sa chaise comme sur un piédestal, entourée de jeunes femmes qui la vénéraient : rien, on ne fait rien, il ne se passe rien. Après ma question, personne n'a voulu continuer sur ce sujet, on a considéré que c'était clos et elles sont passées à une autre question. Quelqu'un a demandé si les femmes du mouvement se considéraient comme des marxistes, des socialistes, des trotskystes ou des millénaristes et elles ont toutes rallumé leurs magnétophones ou la fonction enregistrement audio de leurs téléphones et je suis partie, parce que la réponse ne m'intéressait pas.

(Ni cette anecdote, ni les précédentes n'ont vocation à servir d'argument pour juger de l'échec ou de la réussite du mouvement. Ce débat n'est pas le mien, et les éléments parcellaires que j'ai pu observer pourraient aussi bien plaider pour un camp que pour l'autre, selon la manière dont ils sont manipulés. Nous avons compris l'invitation comme une invitation au dialogue et à la coconstruction.

Ça va mal pour tout le monde, à Pátzcuaro comme à Paris, au Chiapas ou n'importe où dans le monde, les violeurs continuent de violer, impunément. Il ne s'agit pas de comparer qui parvient à nager au-dessus des autres.)

Je me sens déçue. Je me sens fatiguée. Je me sens déçue, mais pas par la rencontre, ni par la camarade qui m'a répondu sans me répondre, mais plutôt par moi-même. J'ai presque honte maintenant des questions avec lesquelles je suis venue. Qu'est-ce que j'attendais ? Des conseils ? Un modèle ? Une feuille de route peut-être ? Comme si les femmes zapatistes n'avaient pas assez à faire avec leur propre survie, avec la définition de leur devenir, avec leurs pensées en mouvement, leur monde menacé, leurs luttes, pour avoir encore à rédiger un programme à usage d'une Petite Française irrévérencieuse installée dans le Michoacán. Je pense encore une fois à l'autonomie, aux définitions possibles de l'autonomie, qui comme tout grand concept n'a de sens que parce qu'il rassemble de multiples singularités. Nous devons la construire « en tant que femmes que nous sommes ». Avec les choses comme elles sont. Avec ce que nous avons, sans chercher ailleurs, parce que nous ne trouverons pas mieux ailleurs. Même si cela est plus difficile que prévu, et même si cela ne correspond pas au rêve que nous portons en nous. Dans ce rêve notre désir et notre courage seuls suffiraient à faire changer les choses. Mais les choses ne changent qu'avec des actes. Ce que nous pouvons faire, c'est parfois très peu, si peu que cela semble n'être rien. Et pourtant, c'est de ce presque rien qu'il faut partir, car la réponse ne viendra pas d'en haut. Ni d'en haut, ni d'en bas.

La dernière soirée est un peu triste. Nous sommes toutes très fatiguées. Ça fatigue de pleurer. Nous savons bien que ce n'est pas l'inconfort des nuits passées dans l'air froid des montagnes qui nous a vidées de notre énergie, ni la morsure du soleil tout au long du jour, ni d'avoir parlé ou écouté ou réfléchi. C'est la tristesse qui nous fatigue, la vieille tristesse millénaire des femmes, qui nous pousse au bout de l'épuisement et refuse de nous accorder le repos, nous empêchant de trouver le sommeil. Et au matin, il nous faut repartir, nous retrousser les manches, moudre le maïs ou pétrir le pain. Dans la colère ou dans la joie, le cœur meurtri ou brisé ou plein de fol amour, mettre les mains dans la pâte et malaxer, malaxer, malaxer encore.

Le dernier jour de la rencontre de femmes devait être consacré à des activités plus festives. Je ne sais pas si cela a eu lieu finalement car nous, les quarante-deux du Michoacán, sommes reparties dans la matinée pour ne pas prendre la route trop tard. Déjà qu'il nous a fallu insister lourdement auprès de notre chauffeur pressé de repartir pour qu'il attende au moins le discours de clôture, nous ne pouvions pas retarder davantage le départ en participant aux danses et aux jeux qui ont suivi. Le discours est bref et solennel et, lui aussi, un peu triste. De cette vieille tristesse qui ne nous lâche pas. Mais il est aussi empli de la force souterraine qui a toujours été l'arme secrète des femmes, la force qui résiste, silencieuse, presque immobile, qui attend son tour. Nous nous sommes mises d'accord sur des alliances pour commencer à nous occuper de nos besoins à notre manière, à partir du peu que nous savons, du peu que nous pouvons apprendre les unes des autres – car le savoir dont nous avons besoin ne nous sera donné par aucune école –, sans attendre d'aide de personne, parce que personne ne va nous aider. Nous nous engageons en partant à continuer la lutte, à ne pas laisser seules celles qui demanderont notre aide, à maintenir vivante cette petite flamme allumée au Caracol de Morelia. Pour chacune d'entre nous elle brûlera à sa façon.

    L'inconnue qui était assise à côté de moi à l'aller, quelques jours auparavant, est devenue une alliée, elle deviendra mon amie. Nous essaierons de monter une installation artistique où des voix d'adultes devaient murmurer aux oreilles du public, comme un chant choral, et raconter des enfances brisées par la violence, pendant que ledit public se promènerait dans une salle tapissée d'innocentes photos de famille. Nous participerons à l'organisation de la première manifestation du 8 mars dans le village où nous vivons où, après une marche dans les rues du centre-ville, des dizaines de personnes se réuniraient sur une place sous la statue en bronze d'une héroïne insurgée de la guerre d'indépendance du Mexique pour crier leur colère, lire des poèmes, inscrire le nom des femmes mortes sous les coups et dénoncer des violeurs. Nous mettrons en place ces petites actions et d'autres plus importantes, chacune à notre façon, avec les moyens du bord, pour honorer le pacte que nous avons signé pendant ces jours de rencontres, un pacte qui nous unira à jamais, nous et les autres, celles du voyage au Chiapas et celles qui n'ont pas pu venir mais qui nous attendent dans les villages, dans les quartiers, dans les cuisines, dans les bureaux, celles qui sont là et celles qui ne sont plus là, ou pas encore là, celles qui viendront, qui nous regardent, qui comptent sur nous.

Épilogue

Dans le bus du retour nous parlons d'abord avec enthousiasme, avec entrain, avec amertume. Nous exerçons le souffle de notre esprit critique pour attiser les braises que nous emportons avec nous de cet immense feu de joie et de désolation que furent ces trois jours passés au Chiapas, pour essayer de comprendre ce qui nous est arrivé, ce que nous avons vu, ce qui a fonctionné et ce qui n'a pas fonctionné, ce qui fait que l'angoisse nous serre la gorge et nous paralyse devant l'ampleur de la tâche qu'il nous reste à accomplir. Nous sommes harassées et étourdies de tout ce que nous avons entendu et pensé ces jours derniers, et pourtant au milieu de cette conscience vive du désastre, il nous faut rire quand même un peu, nous nous moquons de nos cheveux sales et de nos jeans pleins de boue, des messages que nous envoyons toutes en même temps dès que nous atteignons une zone qui a du réseau. Quelqu'un lance une cumbia sur de petites enceintes qui n'ont presque plus de batterie. Nous dansons sur nos sièges et même un peu dans le couloir. Le chauffeur est si content que nous soyons enfin sur le chemin du retour qu'il ne râle qu'à moitié quand le bus tangue sous nos pieds. Puis la fatigue a raison de nous peu à peu. La fatigue et les longues heures de trajet sur les autoroutes verdoyantes et cabossées du Chiapas et de Campeche, à travers les noires forêts de Veracruz, au fil des champs infinis d'herbe jaune sous le ciel gris de l'État de México.

Je ne pourrais pas dire exactement ce qui nous est arrivé à la rencontre des femmes en lutte. Peut-être qu'il ne s'est rien passé, rien qui vaille la peine d'être raconté. Ou peut-être que quelque chose d'immense commence là, un changement à venir, en gestation, déjà présent en nous, et qu'il nous faudra mettre au monde. Si on veut que quelque chose nous arrive vraiment, cela ne peut pas être programmé. Il faut, dans toute métamorphose, une grande part d'inconnu. C'est comme dans la lecture, un livre qui ne nous surprend pas, qui ne nous amène pas là où on ne s'y attendait pas, on l'oublie, il ne change rien en nous. Et c'est toute l'ambivalence de l'expérience, du réel, qui ne donne pas les clefs de sa compréhension, qui est trop plein pour être décortiqué, trop débordant pour être contenu dans les lignes d'un récit. Je sais qu'il m'est arrivé quelque chose d'important pendant ces voyages, qu'il nous est arrivé quelque chose, et que ce qui nous est arrivé ne peut pas être résumé ni même décrit, que c'est plus une question de puissance et d'impuissance, de douleur et de joie, que d'apprentissage concerté ou de stratégie. Et pourtant il y a bien une question de stratégie, de choix, de recherche des armes qui nous permettraient de faire advenir un autre monde, mais les forces prennent des chemins qui ne sont pas ceux qu'on croit, plus longs, plus tortueux et moins clairs que ce que l'on souhaiterait.

Dans le bus les conversations s'amenuisent et la nuit éternelle des autoroutes pose sur nous son mélancolique manteau. Les voix finissent par se taire. Tout le monde s'endort. Moi aussi. Je me réveille à l'aube et le paysage par la fenêtre est couvert de brouillard. Je me souviens que j'ai encore fait une promesse que je ne vais pas pouvoir tenir. Car les vraies promesses, on ne peut pas les tenir. Je regrette déjà. Je me demande ce qu'il va bien falloir que je fasse pour accomplir ma part de ce contrat que j'ai signé cette nuit-là dans le bus avec ces quarante et une autres femmes et ce chauffeur. Je me le demande vaguement car en réalité je le sais déjà, puisque j'entends en moi bouillonner toutes ces phrases que je n'ai pas dites au micro des dénonciations, puisque j'entends le bourdonnement insistant de cette voix qui s'impose à vous quand il faut commencer un livre, cette voix qui vous convainc qu'il n'y a rien d'autre à faire, qu'il faut s'asseoir à sa table et se mettre à l'ouvrage. C'est un livre que je ne veux pas écrire, car je ne veux pas croire que ma seule réponse puisse être celle-là, cette réponse de rien du tout face à la violence du monde, cette réponse qui n'est, encore une fois, que des mots alignés les uns à la suite des autres. Pourtant je sais que c'est par là que ça commence pour moi. C'est ce que j'ai sous la main, c'est ça mon grain de sable. Et j'entends déjà les voix qui bruissent toutes en même temps comme des colombes qui prennent leur envol, comme des serpents qui louvoient, comme des loups qui tracent des cercles concentriques autour de leur proie. C'est un livre qui commencera au milieu d'une phrase, au milieu d'une pensée, au milieu d'une colère, une colère qui est la mienne et celle de toutes les autres, celles qui ont pris le micro et celles qui ont écouté, celles qui ont osé et celles qui n'ont pas osé, celles qui ont veillé toute la nuit l'esprit hanté par les paroles du jour, et celles qui se sont endormies dans le bus, le corps rompu d'avoir porté tant d'attention, d'avoir contenu tant de larmes. Au milieu, car cette colère ne commence pas avec nous, et elle ne finira pas avec nous, c'est une colère sans début ni fin, c'est un fleuve boueux et profond, c'est une vieille rivière imprévisible et fourbe, qui peut aussi bien s'assécher que se gonfler comme une monstrueuse langue qui dévastera tout sur son passage.

J'aimerais me rendormir mais je ne me rendors pas. Des pensées montent en moi, des souvenirs, des visages. Je suis au bord de l'eau. J'entends les murmures des fantômes qui cheminent dans ma tête de leur démarche somnambule. Ils voudraient bien venir. Mais je dois les laisser sur cette rive, mes amis du passé, les imaginaires et les morts et les spectres. Il y a le jeune homme en treillis militaire qui sifflote une chanson que je crois connaître mais que je n'arrive pas à identifier. Il est si jeune. Il est trop jeune pour mourir. Il siffle et siffle, sans faire de pause, les lèvres arrondies autour de la mélodie, mais il sourit aussi, je ne sais comment, peut-être à travers ses yeux, à travers le reste de son visage, un sourire ironique et tendre. Et les punkis ? Sont-ils encore vivants ? J'espère qu'ils sont toujours quelque part, toujours en train de chercher. J'espère qu'ils mettent leur musique la nuit à plein volume et qu'ils dansent. Il y a le poète maigre dans un costume trop grand, les cheveux plaqués sur la tête comme des pensées obtuses, qui récite des vers à voix basse, comme s'il priait, monté sur un âne distrait qui est le seul dans cette histoire à savoir où il va. Il y a le grand blond élégant qui porte un sac à dos rempli de pierres. Il y a mon ami Polo, qui est maintenant vieux, assis sur une souche, pieds nus, qui contemple un ciel sans lune en attendant que s'éteigne son feu de camp. Et une femme à la chevelure brillante de reflets rougeoyants avec un grain de beauté près de l'œil.

Je dois aller de l'autre côté. Est-ce que le géant au bâton va apparaître pour venir me chercher? Réussira-t-il à traverser les tourbillons et les courants en me portant sur son épaule?

Luis siffle parce qu'il est insouciant et parce qu'il a toujours été un peu turbulent, un peu pénible. Quelqu'un qui siffle, c'est sympa un moment, mais s'il n'arrête pas, il devient agaçant. Pourtant il faut bien que quelqu'un guide ce cortège de morts-vivants ou de vivants mourants, de zombies de tous horizons qui m'ont accompagnée dans mon voyage vers la réalité, mon voyage vers l'altérité, qui trouvera bientôt son happy end. Il doit les faire avancer avec une mélodie douce et mélancolique, comme le joueur de flûte de Hamelin, pour qu'ils tombent à l'eau un par un, avec des yeux d'hypnotisés, et disparaissent dans les profondeurs sans souffrir, sans avoir à dire au revoir, sans même s'en rendre compte.

Finalement, je n'aurai besoin de personne pour me porter. Max vient me chercher dans un étrange bateau, qui ne sert pas normalement à traverser les rivières, une barque taillée dans un tronc d'arbre, lourde, jolie, peinte en vert, comme celles qu'on utilise sur le lac de Pátzcuaro pour se rendre sur les îles. Les rames ont l'air d'une blague, courtes, avec un bout rond qui les fait ressembler à des pelles à pizza, mais ce sont celles que les Purépechas utilisent dans les canaux, et si on s'y prend bien, elles fonctionnent. Et Max se donne à fond, on dirait qu'il s'entraîne pour les Jeux olympiques. Maintenant que j'y pense, il ressemble à San Cristóbal. Il ressemble au Maximilien de Habsbourg des peintures du Palais national, une sorte de Viking perdu dans une terre tropicale, comme Klaus Kinsky naviguant sur le fleuve, mais aussi comme Cristóbal, avec ses airs de pouvoir tout faire.

Je regarde une dernière fois mes amis réunis sur le rivage. Je dois les quitter, monter dans la barque. C'est le matin, tôt, une légère brume s'élève des eaux. Je ne peux pas rester ici, je dois traverser. De l'autre côté, ma fille m'attend.

Pátzcuaro, Michoacán, avril 2020-août 2024.

Œuvres citées

Yásnaya Elena Aguilar Gil, *Nous sans l'État*, traduction de Amandine Semat et Joani Hocquenghem, Éditions Ici-bas, 2022.

Antonin Artaud, *Œuvres*, Quarto, Gallimard, 2004.
Les textes publiés au Mexique en 1936 ont été regroupés dans le volume *Messages révolutionnaires* (certains originaux ont été retrouvés, d'autres ont dû être retranscrits de l'espagnol par Marie Dézon/Paule Thévenin et Philippe Sollers). Les autres passages cités proviennent de *D'un voyage au pays des Tarahumaras* (1937), *Les Tarahumaras* (1948), *Le Pèse-Nerfs* (1925) et de la conférence donnée en 1948 intitulée *Pour en finir avec le jugement de Dieu*.

Les textes de Luis Cardoza y Aragón sont reproduits de la correspondance avec Paule Thévenin et d'un article publié dans la revue Plural en avril 1973, publiés par Fabienne Bradu dans *Artaud Todavía*, Fondo de Cultural Económica, 2008.

J.M.G. Le Clézio, *Le livre des fuites*, Gallimard, 1969.
Haï, Skira, 1971.
Le rêve mexicain ou La pensée interrompue, Gallimard, 1988 (le texte sur Artaud est daté de 1979, publié en espagnol puis repris dans une revue française, *Le fou parle*, en 1983, dans une traduction d'Anne-Marie Meunier).

Antonio Machado, "Caminante no hay camino", *Campos de Castilla*, 1912. (Traduction de l'autrice.)

https://www.nellymaurel.net/portfolio/ta-race-ou-ma-race-2/

Jaime Sabines. "Los amorosos", *Recuento de Poemas,1950-1993*, Editorial Planeta, 2012. (Traduction de l'autrice.)

On peut trouver les discours, communiqués, nouvelles et autres textes du Sous-commandant Marcos en version intégrale dans les pages internet de l'EZLN : https://radiozapatista.org et http://enlacezapatista.ezln.org.mx
« Marcos est toutes les minorités qui disent « ça suffit », reproduit dans *Le Monde* du 29 juin 1996, tiré de

Ya basta! Tome 1 – Recueil des communiqués de l'EZLN, Sous-commandant Marcos, 1996, éditions Dagorno.

« Entre la luz y la sombra » (entre la lumière et l'ombre), 25 mai 2014.

Les lettres d'invitation à la Escuelita, aux Rencontres de femmes et les discours de clôture de ces événements se trouvent également sur la page de liens, avec un grand nombre de documents d'archives et d'actualité sur les activités publiques des zapatistes.

Table

Maga, Marcos, Bárbara, le Pokémon et les autres	9
Le seul théâtre possible	51
Artaud dans le bardo	83
Première approche des Indiens (idées préconçues)	117
Où il sera donc question d'Indiens d'Amérique, de danses et de *temazcal*	135
La Escuelita	157
Rencontres de femmes qui luttent (idées postconçues)	203
Épilogue	253
Œuvres citées	261

Achevé d'imprimer en janvier 2025
par CPI Firmin-Didot

N° d'éditeur : 2930
N° d'édition : 651987
N° d'imprimeur : 183002
Dépôt légal : mars 2025

Imprimé en France